초등국어
독해력
사다리 5단계

초등국어 독해력 사다리 5단계

지은이 양지혜
펴낸이 정규도
펴낸곳 (주)다락원

초판 1쇄 발행 2019년 12월 10일

편집총괄 장의연
책임편집 허윤영
디자인 김나경
전산편집 최영란
삽화 박주영
사진 shutterstock, google
　　　99쪽, 108쪽 신윤복 〈장옷 입은 여인〉 (ⓒ 국립중앙박물관)
　　　108쪽 김홍도 〈자리짜기〉 (ⓒ 국립중앙박물관)
　　　105쪽 석굴암 (ⓒ 문화재청 국가문화유산포털)

다락원 경기도 파주시 문발로 211
내용문의 (02) 736-2031 내선 524
구입문의 (02) 736-2031 내선 250~252
Fax (02) 732-2037
출판 등록 1977년 9월 16일 제406-2008-000007호

Copyright ⓒ 2019, 양지혜

값 13,000원
ISBN 978-89-277-0099-9 64710
　　　978-89-277-0094-4 (세트)

http://www.darakwon.co.kr
다락원 홈페이지를 방문하시면 상세한 출판정보와 함께
다양한 혜택을 얻으실 수 있습니다.

초등국어 독해력 사다리 5단계

양지혜 지음

다락원

왜 우리는 글을 읽고,
생각하고, 질문해야 할까요?

세종대왕에 관해 들어 본 적 있나요? 세종대왕은 우리의 소중한 한글을 만든 왕으로 널리 알려져 있지만, 책벌레라고 불릴 만큼 책을 많이 읽은 것으로도 유명합니다. 세종대왕은 평소 '백독백습(白讀白習)'을 실천했다고 합니다. 이것은 책 한 권을 백 번 읽고 백 번 쓴다는 뜻으로, 한 권을 읽더라도 그것을 오롯이 이해할 때까지 계속 반복해서 봤다는 것이지요. 세종대왕은 왜 책 한 권을 이렇게 여러 번 읽었던 것일까요? 같은 책이라도 처음 읽을 때와 두 번째 읽을 때 얻게 되는 깨달음이 달랐기 때문이겠죠. 처음 읽을 때는 떠오르지 않았던 질문과 생각, 느낌이 두 번째 읽을 때 새롭게 떠오를 때가 많습니다. 책을 읽으며 떠오르는 수많은 질문과 생각은 책 내용을 더 깊이 이해할 수 있게 도와줍니다. 그렇게 얻은 지식과 이해는 세종대왕이 한글을 창제하고 다른 여러 업적을 이루는 데 기초가 되었을 것입니다.

하지만 오늘날 사람들은 질문하고 생각하는 것을 멈춘 것 같습니다. 기술이 발달해서 엄청난 양의 정보가 교류되는 가운데, 사람들은 이제 글보다는 영상이나 그림에 익숙해졌습니다. 당장 우리 주위를 둘러보면 글을 보는 사람보다 영상이나 그림을 보는 사람들이 훨씬 더 많고, 글을 읽는 사람조차 짧게 편집된 단편적인 글 위주로 살펴보죠. 사람들은 점점 긴 글을 읽고 이해하는 독해력을 잃어가고 있고, 이는 결국 생각하는 능력을 잃어가는 것과 같습니다.

저는 학교에서 학생들을 가르치는 사람으로서 이러한 경향을 더욱 크게 실감하고 있습니다. 수업 시간에 "선생님, 시차는 왜 있는 건가요?", "선생님, 만약 이순신 장군이 다른 선택을 했다면 어떻게 되었을까요?"와 같은 질문을 하는 학생들이 어느 순간 사라졌습니다. 주어지는 지식을 수동적으로 받아들이며, 생각과 상상을 멈추고 질문을 품지 않은 채 그냥 지나쳐 버리는 학생들을 보면서 안타까움을 많이 느낍니다.

　　기술이 발전할수록 우리는 생각하는 힘을 길러야 합니다. 로봇이나 인공지능이 인간을 대신하여 많은 일을 할 수 있지만, 질문하고 그 답을 찾는 것은 사람만이 할 수 있는 고유의 능력이기 때문이지요. 그래서 저는 '의미 있고 흥미로운 이야기로 학생들에게 다가가 질문하고 생각하는 연습을 할 수 있도록 도와주자'는 마음으로 이 책을 집필하기 시작했습니다. 한 장 한 장 채워진 이야기와 딸린 문제는 여러분에게 던지는 저의 질문입니다. 단순히 문제를 다 맞혔는지 몇 문제 틀렸는지에 초점을 맞추지 말고, 여러분이 이런 질문을 통해 생각을 더 확장할 수 있기를 바랍니다. 그리고 여러분도 세종대왕처럼 지문을 여러 번 읽으며 자신만의 질문을 만들어 보세요. 이 책은 "독해력 사다리"라는 책 제목처럼 여러분의 묻고 생각하는 힘을 한층 높은 단계로 이끌어 줄 것입니다.

　　이 책을 마칠 때까지 많은 시간과 노력이 들었습니다. 여러분에게 의미도 있고 재미도 있는 이야기 소재를 찾고 지문으로 각색하는 과정, 알맞은 독해 기술을 선별하여 독해 기술에 맞게 문항을 만들어 가는 과정이 있었습니다. 길고 어려웠던 과정 속에서 고민을 함께 나누고 세심하게 작업을 도와주신 다락원의 허윤영 차장님께 감사를 표합니다. 이 책을 통해 여러분이 조금이나마 글에 친숙해지고, 질문하고 생각하는 것에 익숙해지기를 바랍니다. 여러분! 단순히 글을 읽고 내용을 이해하는 것에서 끝나는 게 아니라, 끊임없이 스스로 질문하고 읽은 내용에 대해 생각하세요!

2019년 12월
양지혜

★ 어떻게 읽을까

책을 펼치면 먼저 '어떻게 읽을까' 코너가 나옵니다. 글의 내용을 제대로 이해하기 위해서 어떻게 읽어야 하는지 방법을 보여 주는 코너로, 꼭 알아야 하는 9개의 독해 기술을 선정해서 쉬운 연습문제를 풀며 익힐 수 있게 구성하였습니다.

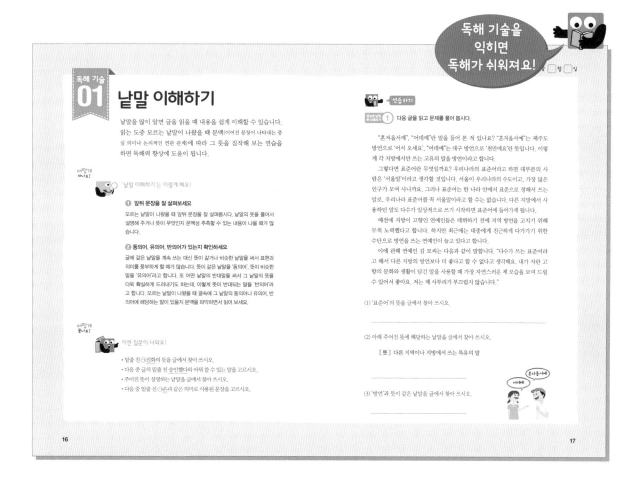

이렇게 공부하세요

독해력이 있다는 것은 '다양한 독해 기술을 활용해 글의 내용을 이해한다'는 뜻입니다. 〈초등국어 독해력 사다리〉 5단계에서는 초등학교 4, 5학년생들이 꼭 갖추어야 할 국어 독해 기술을 쉽게 정리하였습니다. 먼저 독해 기술을 소개하는 글을 읽고, 독해 기술을 효과적으로 키우는 방법을 정리한 설명을 소리 내어 읽으세요. 학습하는 독해 기술을 묻는 질문의 예도 꼭 읽어 보세요.

독해 기술을 설명하는 페이지 옆에는 배운 독해 기술을 연습할 수 있는 연습문제가 있습니다. 문제를 풀면서 공부한 내용을 내 것으로 만들어 보세요.

활용 TIP

1 매일매일 독해 기술을 하나씩 공부하고, 공부한 날짜를 기록하세요

공부는 매일, 꾸준히 하는 것이 가장 중요합니다. 매일 공부하는 습관을 들이기 위해서는 잊지 말고 하루에 하나씩 독해 기술을 공부합시다.

2 틀린 문제는 왜 틀렸는지 생각하고, 다시 풀어 보세요

몇 개를 틀렸는지가 중요한 것이 아니라 '왜 틀렸는지'를 아는 것이 중요합니다. 틀린 문제의 답을 확인만 하고 넘어가지 말고, 왜 틀렸는지 생각해 본 다음 '정답과 해설'에서 자세한 문제 풀이를 읽으면서 모르는 내용을 확실하게 다져야 합니다.

3 '실전! 독해 테스트'에서 실력을 확인해 보세요

자신의 독해 실력을 평가할 수 있는 테스트입니다. 20분이나 30분 이내 등 스스로 목표 시간을 정해서 풀어 봅시다.

★ 무엇을 읽을까

총 5과로 나누어 주제별 읽기를 합니다. 교과서를 바탕으로 초등학생들이 꼭 알아야 하는 내용을 선별하여 재미있게 지문을 구성하였습니다. '어떻게 읽을까'에서 배운 독해 기술을 활용해 실전 시험처럼 독해 활동을 해 보세요.

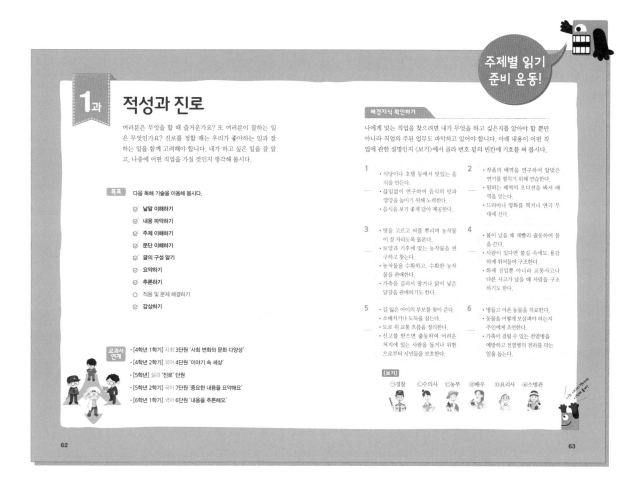

이렇게 공부하세요

'무엇을 읽을까'에서는 꼭 배워야 할 지식과 정보가 담긴 글, 그리고 읽기가 즐거워지는 글을 다섯 개의 주제로 묶어서 제시합니다. 실제 교과서와 연계된 흥미로운 지문을 읽으면서 앞으로 배울 내용을 예습하거나 이미 배운 내용을 복습할 수 있습니다.

특히 '어떻게 읽을까'에서 공부한 독해 기술을 제대로 활용할 수 있는지, 지문을 읽고 문제를 풀면서 스스로 확인할 수 있습니다.

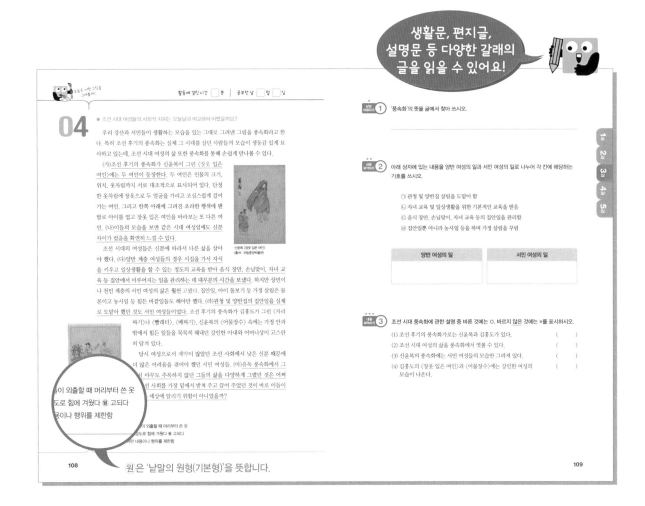

생활문, 편지글, 설명문 등 다양한 갈래의 글을 읽을 수 있어요!

활용 TIP

1 모든 과의 시작 페이지를 꼼꼼히 읽고, 앞으로 읽을 내용을 예상해 보세요

어떤 지문을 읽게 될지 예상해 보세요. 본격적으로 읽기 시작하기 전에 몸풀기로 '배경지식 확인하기'나 '그림 보고 예상하기' 등의 활동도 꼭 풀어 보세요.

2 지문을 처음 읽을 때는 빨리, 다시 읽을 때는 꼼꼼히 읽으세요

천천히 한 번 읽는 것보다 처음 읽을 때 빨리 읽고 전체적인 내용을 파악하는 것이 좋습니다. 그런 다음 조금 시간을 두고 꼼꼼하게 지문을 다시 한번 읽어 보세요.

3 하루에 지문 하나씩 읽고, 어떤 문제를 틀렸는지도 꼭 확인하세요

매일 공부하고, 공부한 날짜를 적으세요. 지문을 읽고 문제풀이까지 끝내는 데 걸린 시간도 체크하기를 권합니다. 답을 맞추어 본 후에는 어떤 유형의 문제를 틀렸는지 꼭 확인하세요. 문제 위의 별표는 문제가 얼마나 어려운지를 나타냅니다. 개수가 하나인 것은 안 틀리면 좋겠죠?

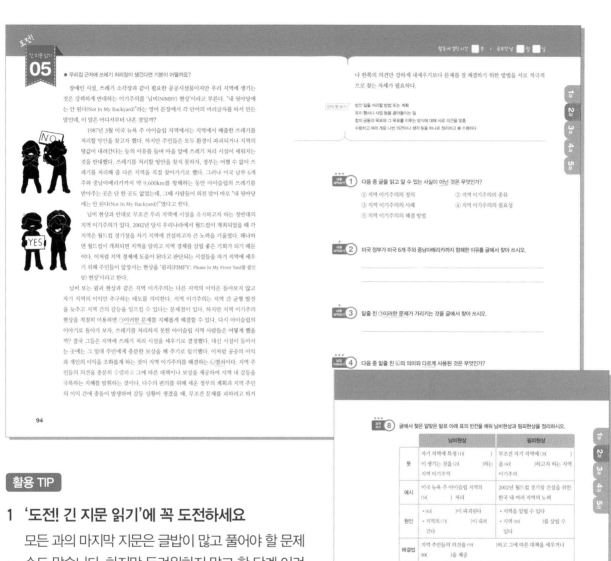

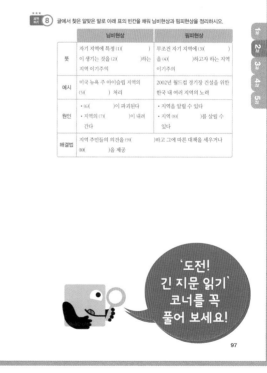

활용 TIP

1 '도전! 긴 지문 읽기'에 꼭 도전하세요

모든 과의 마지막 지문은 글밥이 많고 풀어야 할 문제 수도 많습니다. 하지만 두려워하지 말고 한 단계 어려운 독해 활동에 도전해 보세요. 이런 도전이 쌓이면서 독해 실력이 높아지고, 자신감을 갖게 됩니다. 문제를 풀 때는 지문을 다시 읽지 말고, 이미 읽은 내용을 떠올려 문제를 풀려고 노력해 보세요.

2 틀린 문제는 다시 한번 풀어 보세요

틀린 문제는 '정답과 해설'에서 문제풀이를 찾아 꼼꼼하게 읽고 무엇을 놓쳤는지 확인하세요. 읽고 난 다음에는 다시 한번 풀어 봅시다.

'도전!
긴 지문 읽기'
코너를 꼭
풀어 보세요!

목차

어떻게 읽을까

무엇을 읽을까

1과 적성과 진로

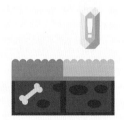

어떻게 읽을까

낱말 이해하기

낱말을 많이 알면 글을 읽을 때 내용을 쉽게 이해할 수 있습니다. 읽는 도중 모르는 낱말이 나왔을 때 문맥(이어진 문장이 나타내는 중심 의미나 논리적인 연관 관계)에 따라 그 뜻을 짐작해 보는 연습을 하면 독해력 향상에 도움이 됩니다.

어떻게
하나요?

'낱말 이해하기'는 이렇게 해요!

① 앞뒤 문장을 잘 살펴보세요

모르는 낱말이 나왔을 때 앞뒤 문장을 잘 살펴봅시다. 낱말의 뜻을 풀어서 설명해 주거나 뜻이 무엇인지 문맥상 추측할 수 있는 내용이 나올 때가 많습니다.

② 동의어, 유의어, 반의어가 있는지 확인하세요

글에 같은 낱말을 계속 쓰는 대신 뜻이 같거나 비슷한 낱말을 써서 표현과 의미를 풍부하게 할 때가 많습니다. 뜻이 같은 낱말을 '동의어', 뜻이 비슷한 말을 '유의어'라고 합니다. 또 어떤 낱말의 반대말을 써서 그 낱말의 뜻을 더욱 확실하게 드러내기도 하는데, 이렇게 뜻이 반대되는 말을 '반의어'라고 합니다. 모르는 낱말이 나왔을 때 글속에 그 낱말의 동의어나 유의어, 반의어에 해당하는 말이 있을지 문맥을 파악하면서 읽어 보세요.

어떻게
묻나요?

이런 질문이 나와요!

• 밑줄 친 ㉠진화의 뜻을 글에서 찾아 쓰시오.
• 다음 중 글의 밑줄 친 승인했다와 바꿔 쓸 수 있는 말을 고르시오.
• 주어진 뜻이 설명하는 낱말을 글에서 찾아 쓰시오.
• 다음 중 밑줄 친 ㉠손과 같은 의미로 사용된 문장을 고르시오.

 연습하기

정보로 낱말 뜻 이해하기 ① 다음 글을 읽고 문제를 풀어 봅시다.

　"혼저옵서예", "어데예"란 말을 들어 본 적 있나요? "혼저옵서예"는 제주도 방언으로 '어서 오세요', "어데예"는 대구 방언으로 '천만에요'란 뜻입니다. 이렇게 각 지방에서만 쓰는 고유의 말을 방언이라고 합니다.

　그렇다면 표준어란 무엇일까요? 우리나라의 표준어라고 하면 대부분의 사람은 '서울말'이라고 생각할 것입니다. 서울이 우리나라의 수도이고, 가장 많은 인구가 모여 사니까요. 그러나 표준어는 한 나라 안에서 표준으로 정해서 쓰는 말로, 우리나라 표준어를 꼭 서울말이라고 할 수는 없습니다. 다른 지방에서 사용하던 말도 다수가 일상적으로 쓰기 시작하면 표준어에 들어가게 됩니다.

　예전에 지방이 고향인 연예인들은 데뷔하기 전에 지역 방언을 고치기 위해 무척 노력했다고 합니다. 하지만 최근에는 대중에게 친근하게 다가가기 위한 수단으로 방언을 쓰는 연예인이 늘고 있다고 합니다.

　이에 관해 연예인 김 모씨는 다음과 같이 말합니다. "다수가 쓰는 표준어라고 해서 다른 지방의 방언보다 더 좋다고 할 수 없다고 생각해요. 내가 자란 고향의 문화와 생활이 담긴 말을 사용할 때 가장 자연스러운 제 모습을 보여 드릴 수 있어서 좋아요. 저는 제 사투리가 부끄럽지 않습니다."

(1) '표준어'의 뜻을 글에서 찾아 쓰시오.

_____

(2) 아래 주어진 뜻에 해당하는 낱말을 글에서 찾아 쓰시오.

　　[뜻] 다른 지역이나 지방에서 쓰는 특유의 말

_____

(3) '방언'과 뜻이 같은 낱말을 글에서 찾아 쓰시오.

_____

내용 파악하기

독해를 잘하려면 전체적인 내용을 이해할 뿐 아니라 세세한 정보도 놓치지 않아야 합니다. 그러므로 글의 내용을 꼼꼼하게 읽는 습관이 중요합니다.

어떻게
하나요?

'내용 파악하기'는 이렇게 해요!

❶ 가리키는 말이 무엇을 나타내는지 정확하게 파악하세요

'그것, 저것, 이것, 그 사람, 저기' 등 앞에서 말한 낱말이나 내용을 다시 말할 때 대신 쓰는 말을 '가리키는 말'이라고 합니다. 이러한 가리키는 말이 가리키는 대상을 정확히 알아야 글을 제대로 이해할 수 있습니다. 가리키는 말이 나오면 그 앞에 어떤 내용이 나왔는지 먼저 꼼꼼하게 확인하세요. 보통 가리키는 대상은 가리키는 말 앞에 나옵니다. 가리키는 대상이 사람인지 장소인지 시간인지 등도 파악하세요. 가리키는 말의 성격을 알아야 가리키는 대상을 정확히 파악할 수 있습니다.

❷ '누가, 언제, 어디서, 무엇을, 어떻게, 왜'와 같은 세부 정보를 빨리 확인하세요

특히 이야기를 읽을 때는 누가, 언제, 어디서, 무엇을, 어떻게, 왜 했는지를 기준으로 내용을 정리하며 읽으면 글의 중요 정보를 쉽게 파악할 수 있습니다.

❸ 문장 간의 연결 관계를 파악하세요

문장을 이어 주는 말을 확인하면 문장끼리의 관계를 파악할 수 있습니다. 문장 시작할 때 '그러나, 하지만, 그렇지만' 등이 있으면 앞과 반대되는 내용이 나온다는 표시이고, '또한, 그리고' 등이 나오면 뒤에 앞과 결이 비슷한 내용이 더 나온다는 것을 알려 주죠. 이어 주는 말이 '그래서, 따라서'일 때는 앞의 내용이 근거나 이유가 되어 뒤의 결과가 나옵니다.

❹ 원인과 결과를 확인하며 글을 읽으세요

어떤 일이 발생했을 때(결과)는 그 일을 일으킨 원인이 있습니다. 독해를 할 때 '원인과 결과'를 제대로 알고 있는지 확인하는 문제가 자주 나오지요. 하나의 원인에 하나의 결과가 발생할 수도 있지만 여러 개의 결과가 나타날 수도 있습니다. 마찬가지로, 여러 개의 원인이 합쳐져서 하나의 결과가 나올 수도 있지요. 원인과 결과를 나타내는 문장 형태를 알아두면 독해가 쉬워집니다. '(왜냐하면) ~하기 때문이다'는 원인을 나타내는 문장 형태이고, '그래서/~해서/하자 …했다'는 '그래서/~해서/하자'가 원인, '…했다'는 그에 따른 결과를 나타내는 문장 형태입니다.

❺ 특정 정보를 빨리 찾고 선택지 내용과 비교하세요

질문에서 묻는 정보가 글의 어디에 나오는지 빨리 찾아내면 독해를 효율적으로 할 수 있습니다. 그러므로 특정 정보를 나타내는 단어나 표현을 빨리 찾는 연습을 해 봅시다. 또한 문제 선택지의 내용과 글의 정보가 정확하게 맞는지 꼼꼼히 비교해서 틀린 점을 찾아내세요. 선택지에는 글에서 쓴 낱말이나 표현을 그대로 쓰지 않고, 비슷한 뜻의 다른 낱말이나 표현으로 바꿔 쓸 때가 많습니다.

❻ 사실과 의견을 구분하세요

어떤 내용이 객관적인 '사실'을 말하는 정보인지, 아니면 글쓴이의 주관적인 '의견이나 생각, 느낌, 주장'인지 구분하며 글을 읽으세요. 글의 주제 및 목적, 요점을 파악하는 데 도움이 됩니다.

어떻게
묻나요?

 이런 질문이 나와요!

- 설리반 선생이 헬렌 켈러를 만났을 때 가장 먼저 한 일은 무엇인가?
- 글의 읽고 아래의 표를 알맞은 내용으로 채우시오.
- 글에 관한 설명 중 바른 것에는 ○, 바르지 <u>않은</u> 것에는 ×를 표시하시오.
- 다음 중 빈칸에 들어갈 알맞은 말을 고르시오.
- 글의 밑줄 친 ⊙<u>이것</u>이 무엇을 가리키는지 쓰시오.
- 다음 중 아프리카에 염소를 보내는 이유로 언급되지 <u>않은</u> 것을 고르시오.
- 다음 중 이 글의 제목으로 어울리는 것은 무엇인가?
- 과학자가 섬에 나무를 심어야겠다고 결심한 이유가 무엇인지 쓰시오.
- 1G부터 5G까지 이동통신의 발전 세대를 구분하는 기준이 무엇인지 쓰시오.

가리키는 대상 알기 1 밑줄 친 부분이 무엇을 가리키는지 쓰시오.

(1) 며칠 전에 엄마가 사다 두신 호떡을 오빠가 혼자 다 먹었다. 그 사실을 알고 나는 화가 나서 오늘 오빠가 학교에서 돌아오기 전에 할아버지께서 사오신 아이스크림을 다 먹어 치웠다.

● 그 사실: _____는 사실

(2) 땅의 물방울들이 수증기가 되면 공중 위로 올라가 뭉쳐서 구름이 됩니다. ㉠거기에 계속 물방울들이 모이다가 무거워지면 땅으로 떨어집니다. ㉡이때 날씨가 영상이면 비로, 영하면 눈의 형태로 땅에 떨어집니다.

• ㉠: _____

• ㉡: _____

문장 관계 파악하기 2 빈칸에 들어가기에 알맞은 이어 주는 말을 상자에서 골라 쓰시오.

그렇지만   그래서   왜냐하면   그리고

(1) 나는 엄마와 하루에 게임을 한 시간만 하겠다고 약속했다. (   ) 하다 보면 게임이 너무 재미있기 때문에 약속을 잊어 버리고 두세 시간이나 더 하게 된다.

(2) 내일은 평소보다 학교에 일찍 가서 책을 읽고 싶었다. (   ) 시계 알람을 오전 6시 반으로 맞춰 놓고 잠자리에 들었다.

(3) 난 노래하고 춤추는 것을 좋아하기 때문에 아이돌이 되고 싶다. (   ) 많은 사람의 관심과 사랑도 받을 수 있기 때문에 꼭 아이돌이 되고 싶다.

(4) 오늘 나는 학교에 올 때 조끼 위에 점퍼까지 입었다. (   ) 어젯밤에 비가 내린 후로 날씨가 많이 쌀쌀해졌기 때문이다.

이어 주는 말 짝짓기 ③ 빈칸 ㉠과 ㉡에 들어갈 알맞은 이어 주는 말을 고르시오.

　호두는 건강에 매우 좋은 견과류이다. 호두에 풍부하게 들어 있는 오메가3 지방산은 각종 혈관 질환을 예방하는 데 도움이 된다. (　㉠　) 이 오메가3 는 뇌를 건강하게 하기 때문에 호두를 먹으면 건망증 예방에 좋다. (　㉡　) 호두는 하루에 6~7알 정도만 먹는 게 좋다. 너무 많이 먹으면 변비가 생길 수 있고, 칼로리가 높아서 살이 찔 수도 있기 때문이다.

　　㉠　　　㉡　　　　　　　　　　　　㉠　　　㉡

① 왜냐하면 — 그리고　　　② 그러나 — 그래서

③ 그런데 — 또한　　　　　④ 그렇지만 — 왜냐하면

⑤ 게다가 — 그러나

원인 파악하기 ④ 글을 읽고 질문에 답하시오.

　누구나 집에 하나씩은 갖고 있는 선인장. 이 선인장이 놀랍게도 멸종 위기 식물이라고 한다. 주변에서 흔하게 볼 수 있고 선물로도 많이 주고받기 때문에 이것이 멸종 위기 식물이라는 것을 믿지 못하는 사람이 많을 것이다. 하지만 선인장 종 세 개 중 하나가 멸종 위기에 처해 있다고 한다. 그 이유 중 하나는 선인장이 다양하고 예쁜 꽃을 피우기 때문에 사람들이 마구잡이로 선인장과 그 씨앗을 채집하고 있어서이다. 또한 사람들이 가축을 기르거나 기타 여러 목적으로 땅을 개발하면서 선인장 서식지가 파괴되고 있기 때문이기도 하다.

(1) 주로 무엇에 관해 설명하는 글인가?

[　][　][　] 의 [　][　] 위기 원인

(2) 글의 문제 상황이 발생한 원인 두 가지를 글에서 찾아 쓰시오.

　　1.＿＿＿＿＿＿＿＿＿＿＿＿＿＿＿＿＿＿＿＿＿＿＿＿＿＿＿＿＿＿

　　2.＿＿＿＿＿＿＿＿＿＿＿＿＿＿＿＿＿＿＿＿＿＿＿＿＿＿＿＿＿＿

5 주어진 문장을 보고 '사실'과 '의견'으로 구분한 다음, 아래 표에 각 문장의 기호를 쓰시오.

㉠ 물은 섭씨 0도에서 얼기 시작하고, 섭씨 100도가 되면 끓는다.

㉡ 하늘 위에 떠다니는 구름이 마치 크고 넓은 카펫은 깔아놓은 것 같다.

㉢ 기본적인 맛에는 단맛, 짠맛, 쓴맛, 신맛, 감칠맛의 다섯 가지가 있다.

㉣ 주민들이 이용할 수 있는 공원이 동네에 더 많이 생겨야 한다고 생각한다.

㉤ 불룩하게 솟아나 있는 낙타 등의 혹 안에서 지방이 가득 차 있다.

㉥ 전 세계에 한류 열풍을 일으키며 한국을 알리고 있는 아이돌들이 자랑스럽다.

사실	의견

6 글을 읽고 질문에 답하시오.

우리가 몰랐던 늑대의 진실

늑대를 생각할 때 떠오르는 이미지는 무엇인가? 고독? 냉혹함? 사나운 맹수? 혹시 나쁜 이미지를 떠올린다면 그것은 늑대에 관한 오해에서 비롯된 것이다. ㉠늑대의 특성을 알면 늑대를 오해한 것이 미안할 정도로 늑대는 멋진 동물이다.

㉡수컷 늑대는 평생 한 마리의 암컷하고만 가정을 이루고 살면서 배우자와 새끼들을 위해 목숨을 바쳐 싸우는 유일한 포유류라고 한다. 사냥을 하면 새끼들과 암컷에게 먼저 먹이를 양보하고, 가족이 먹는 동안 주변을 지키다가 그들

이 다 먹은 후에야 자기 배를 채운다. 사냥을 나가서는 먹잇감의 무리 중 가장 약한 개체가 아니라 가장 강한 상대를 사냥한다. 수컷 늑대는 배우자에 대한 의리가 깊은 동물이기도 하다. ⓒ수컷 늑대는 암컷이 죽으면 혼자서 새끼들을 키우다가 그들이 성장해 독립하면 암컷이 죽은 곳으로 돌아가 거기서 굶어 죽는다. 또한 가족 간의 유대도 깊다. 독립한 자식 늑대들은 종종 부모 늑대를 찾아가 안부를 확인한다.

　여전히 늑대가 나쁜 동물처럼 느껴지는가? ⓔ사람들에게 오해 받아 오랜 시간 억울했을 늑대, 이제 늑대에 관한 오해를 풀고 따뜻한 시선으로 바라보면 어떨까?

· 냉혹함 인정이 없이 가혹함 ⑱ 냉혹하다
· 맹수 성질이 매우 사나운 짐승
· 포유류 새끼가 어미의 젖을 먹고 자라는 동물의 총칭
· 개체 하나의 생물로서 존재할 수 기능과 능력을 갖춘 최소 단위

(1) 밑줄 친 ㉠~㉣을 '사실'과 '의견'으로 나누어 아래 표에 문장의 기호를 쓰시오.

사실	의견

(2) 늑대에 관한 설명 중 바른 것에는 ○, 바르지 않은 것에는 ×를 표시하시오.

① 수컷은 사냥한 먹이를 먼저 먹은 후 가족에게 나머지를 준다. （　）
② 늑대는 독립하면 부모를 떠나 살며 영영 부모를 찾지 않는다. （　）
③ 수컷 늑대는 죽을 때까지 평생 한 암컷과만 가정을 이룬다. （　）
④ 수컷 늑대는 가장 약한 먹잇감을 골라 사냥한다. （　）

자연에서 동식물을 포함하여 모든 생물이 사는 세계를 '생태계'라고 합니다. 이 생태계에서 생물은 서로 먹고 먹히는 관계를 사슬처럼 맺고 있습니다. 예를 들면, 풀을 사슴이 뜯어먹고 그 사슴을 사자가 사냥해서 먹지요. 이런 관계를 '먹이 사슬'이라고 합니다. 먹이 사슬은 바다, 숲, 사막, 산 등 지구상의 모든 곳에서 발견할 수 있습니다.

이런 복합적인 먹이사슬의 관계를 '생태 피라미드'로 그릴 수 있습니다. 일반적인 육지의 '생태 피라미드'를 살펴보면 총 6개 층으로 되어 있고, 먹을 수 있는 생물의 수와 양이 위로 갈수록 줄어드는 것을 볼 수 있습니다. 생태 피라미드 가장 아래층에 있는 것은 '분해자'입니다. 지렁이와 각종 균이 분해자에 해당합니다. 분해자 위층에 '생산자'가 있습니다. 일반적으로 풀, 꽃, 나무가 생산자입니다. 그 위의 '1차 소비자'는 생산자를 주식으로 하는 생물입니다. 예를 들면, 벌이나 나비, 메뚜기, 토끼, 다람쥐 등이 있겠죠. 그 위의 '2차 소비자'는 1차 소비자를 먹는 생물군을 뜻합니다. 개구리나 사마귀, 제비 같은 것들이 있습니다. '3차 소비자'는 기본적으로 1차와 2차를 다 먹는 생물을 가리킵니다. 뱀, 늑대, 여우 같은 것들이 해당하겠지요. 피라미드의 꼭대기에 '최종 소비자'가 있습니다. 최종 소비자의 대표는 바로 사람입니다. 사자나 독수리, 호랑이와 같이 몸집이 크면서 힘센 생물이 대부분 최종 소비자에 들지요. 그리고 생산자, 1차 소비자, 2차 소비자, 3차 소비자, 최종 소비자가 죽어 흙에 묻히면 분해자가 이들의 죽은 몸을 먹고 분해하여 양분으로 바꿉니다. 그러면 또 흙에서 식물이 새로 자라게 되지요.

이렇듯 생태계 안에서 모든 생물은 서로서로 영양분이 되어 살아가고 있습니다. 그러므로 우리는 생태 피라미드의 균형이 깨지지 않고 잘 유지되어 생태계가 파괴되지 않도록 자연과 환경을 잘 보존해야 할 것입니다.

(1) 꽃의 꿀을 벌이 먹고, 그 벌을 거미가 먹고, 그 거미를 참새가 먹고, 참새를 매가 잡아먹는 것과 같이 서로 연결되는 관계를 무엇이라고 부르는가?

_____

(2) 아래 각각의 빈칸에 들어갈 말을 채워 생태 피라미드를 완성히시오.

생태 피라미드

ⓒ: _____

3차 소비자

2차 소비자

1차 소비자

ⓛ: _____

㉠: _____

(3) 위 (2)의 ㉠, ⓛ, ⓒ에 해당하는 것을 알맞게 연결하시오.

① ㉠ •   • (가) 풀, 꽃, 나무

② ⓛ •   • (나) 사람, 독수리, 사자, 호랑이

③ ⓒ •   • (다) 지렁이, 균

(4) 1차, 2차, 3차 소비자에 해당하는 것을 글에서 찾아 쓰시오.

1차 소비자	2차 소비자	3차 소비자

주제 이해하기

글쓴이가 전하고 싶어 하는 중심 생각이나 내용이 '주제'입니다. 글의 주제를 파악하는 것은 독해의 기본이자 목표로, 주제를 알면 글쓴이가 글을 쓴 목적도 알 수 있습니다.

어떻게
하나요?

 '주제 이해하기'는 이렇게 해요!

❶ 글 전체를 되도록 빨리 훑어 읽으세요

글을 빨리 훑어 읽어서 핵심 글감을 알아내세요. 보통은 글에서 반복해서 사용하는 낱말과 표현, 주로 다루는 내용이 핵심 글감이 됩니다. 그런 다음, 글감에 대한 글쓴이의 태도, 글의 방향성을 파악하세요. 글쓴이가 글감에 관해 긍정적으로 내용을 전개하는지 부정적으로 전개하는지 살펴봅니다. 글쓴이가 사용하는 표현을 통해 글쓴이의 태도와 글의 방향성을 확인할 수 있습니다. 이것으로 글의 주제를 예상할 수 있습니다.

❷ 각 문단의 요지를 파악하세요

여러 개의 문단으로 이루어진 긴 글을 읽을 때 각 문단에서 글쓴이가 전달하려는 중심 내용(요지)이 무엇인지 파악하는 것이 중요합니다. 그렇게 문단의 중요 내용을 파악하는 과정에서 글의 주제를 좁혀갈 수 있습니다.

❸ 글의 처음과 끝을 확인하세요

글의 첫 문단이나 마지막 문단에 글의 주제를 드러내는 문장이 나올 때가 많습니다. 첫 문단을 읽으면서 어떤 내용이 전개될지 살펴보고, 마지막 문단에서 글쓴이가 글을 어떻게 마무리하는지 확인하세요.

❹ 글쓴이의 주장이 담긴 문장을 찾으세요

글쓴이의 주장이 담긴 문장을 꼼꼼히 읽어 보세요. 그런 문장이 글의 주제문일 때가 많습니다. 보통 글쓴이의 주장을 담은 문장은 '(나는) ~ 생각한다', '우리는 ~해야 한다', 또는 '~해야겠다' 등의 형태를 가집니다.

이런 질문이 나와요!

- 무엇에 관한 글인가?
- 이 글의 글감은 무엇인가?
- 다음 중 글의 주제는 무엇인가?
- 다음 중 글에서 말하는 가장 중요한 교훈은 무엇인가?
- 글을 통해 글쓴이가 전하려는 바는 무엇인가?

 1 글을 일고 질문에 답하시오.

사막화는 현재 지구에서 벌어지고 있는 가장 심각한 현상 중 하나이다. 사막화란 원래 사막이 아닌 지역이 점차 사막으로 변해가는 현상을 말한다. 사막화가 진행되는 원인은 여러 가지인데, 그중에서도 가장 큰 영향을 끼  치는 것은 장기간에 걸친 가뭄과 인간의 무분별한 개발로 인한 산과 숲의 파괴라고 한다. 사막화가 계속되면 그 지역은 더 이상 생명체가 살 수 없게 되며, 생물의 멸종이 뒤따라온다.

(1) 글에서 가장 자주 등장하는 말을 찾아 쓰시오.

_____

(2) 이 글에서 주로 다루고 있는 내용은 무엇인지 쓰시오.

☐☐☐ 현상

옛날에 한 부자 농부가 있었다. 그에게는 세 아들이 있었는데, 나이가 들자 농부는 재산을 어느 아들에게 물려주는 것이 가장 현명한 일일지 고민하게 되었다. 집안 살림을 맡아 꾸려야 하는 며느리들 중 누가 가장 돈을 잘 관리할 수 있을지 시험하고 싶어서, 농부는 어느 날 세 며느리를 차례차례 불렀다.

농부는 첫째 며느리에게 벼 낟알 한 개를 담은 봉투를 주며 말했다.

"아주 귀한 것이니 잘 보관하거라."

방 밖으로 나온 며느리가 봉투 안을 보니 그냥 벼 낟알이 아닌가! 며느리는 낟알을 밖에 던졌다. 농부는 둘째 며느리를 불러서 마찬가지로 벼 낟알이 든 봉투를 건넸고, 봉투를 확인한 둘째 며느리는 어이 없어 하며 벼 알을 먹어 버렸다.

농부는 막내 며느리도 불러서 똑같이 봉투를 건넸는데, 막내 며느리는 다른 두 며느리와 달리 시아버지가 이것을 왜 주었을까 곰곰이 생각했다. 한참을 고민하던 막내 며느리는 마당 한 구석에 덫을 설치한 후 벼 알을 거기에 두었다. 시간이 지나 벼 알을 쪼아 먹으려고 참새 한 마리가 내려앉자 참새는 덫에 걸렸다.

마침 약에 쓰기 위해 참새를 구하는 이웃 사람에게 막내 며느리는 잡은 참새를 주고 달걀 한 알을 얻어왔다. 며느리는 그 알을 암탉이 품게 둥지에 넣었고, 곧 암컷 병아리가 알을 깨고 나왔다. 이 병아리가 암탉이 되자 알을 낳기 시작하여 거기서 병아리가 태어나고 그 병아리들이 자라 또 알을 낳고……. 이렇게 하여 닭이 여러 마리 생기자 막내 며느리는 닭을 팔아서 암퇘지를 샀다.

이 돼지가 새끼를 여러 마리 낳자 며느리는 몇 마리를 팔아 암송아지를 한 마리 샀다. 이 송아지가 어미 소가 되어 송아지들을 낳았고, 이번에 며느리는 그 송아지들을 잘 키운 후 팔아서 논을 샀다.

이런 식으로 막내 며느리는 재산을 늘렸고, 이렇게 삼 년이 지났다. 하루는 농부가 세 며느리를 불러 물었다.

"내가 삼 년 전에 너희에게 준 벼 낟알을 어떻게 했는지 말해 보거라."

첫째 며느리는 아무 말도 못했고, 둘째 며느리는 떨리는 목소리로 말했다.

"아버님, 겨우 벼 한 알이어서 그냥 제가 먹었어요."

두 며느리와는 달리 막내 며느리는 씩 웃으며 자신 있게 시아버지 앞에 무엇인가를 내려놓았다. 무엇인가 봤더니, 논 문서가 아닌가!

"아버님은 제게 벼 낟알을 주셨지만, 전 이것으로 논을 샀답니다!"

막내 며느리는 자기가 어떻게 논 문서를 갖게 되었는지 그 과정을 자세하게 설명했다. 막내 며느리의 이야기를 들은 농부는 무릎을 탁 치며 말했다.

"세 며느리에게 똑같이 벼 낟알을 주었는데, 그것을 제대로 사용한 며느리는 막내밖에 없었구나! 이제부터 집 살림은 막내가 맡아라. 그리고 첫째와 둘째 너희는 남편과 함께 내 집에서 나가라. 십 년 뒤에 집으로 돌아오너라."

첫째와 둘째 부부는 집에서 쫓겨나 갖은 고생을 하며 살았다. 마침내 십 년이 지나 그들은 아버지 집으로 돌아왔는데, 그때는 이미 농부가 세상을 떠난 후였고, 첫째와 둘째 부부는 아버지의 유언을 전달받았다.

"스스로의 힘으로 살림을 꾸려나가는 일의 어려움과 중요성을 깨달았을 터이니, 이제 내 재산을 셋이서 똑같이 나누고 서로 우애를 지키며 살아라."

• 우애 형제 사이의 따뜻한 사랑과 정

(1) 다음 중 글에 관한 설명으로 알맞지 <u>않은</u> 것은 무엇인가?

① 위의 두 며느리는 시아버지의 의도를 깊게 생각하지 않았다.

② 막내 며느리는 벼 낟알을 이용해 논까지 사게 되었다.

③ 농부는 첫째와 둘째 아들 부부에게 재산을 남기지 않았다.

④ 농부는 재산을 잘 관리할 지혜로운 며느리를 알고 싶었다.

⑤ 농부는 살림 관리의 어려움과 중요성을 자식들이 알기를 바랐다.

(2) 다음 중 글이 주는 교훈으로 알맞은 것은 무엇인가?

① 물건을 귀하게 여길 줄 알아야 한다.

② 눈앞의 이익과 즐거움을 추구해야 한다.

③ 부모님 말씀은 무조건 깊게 생각하고 잘 들어야 한다.

④ 돈을 벌려면 가축을 기르고 농사를 지어야 한다.

⑤ 작은 것도 소중히 여기며 잘 이용하는 것이 중요하다.

막내야, 장하구나

문단 이해하기

하나의 중심 내용을 담은 문장과 그것에 대한 부연 설명을 하는 문장으로 이루어진 글의 덩어리를 '문단(단락)'이라고 합니다. 특히 정보 전달이 목적인 설명문 형식의 긴 글을 읽을 때에는 각 문단의 요점과 문단끼리의 연결 관계를 정확하게 파악하는 것이 매우 중요합니다.

어떻게
하나요?

 '문단 이해하기'는 이렇게 해요!

❶ 중심 내용을 담은 문장과 부연 설명을 하는 문장을 구분하세요

하나의 문단에는 요지(중심 내용)가 있습니다. 이러한 요지를 담은 문장을 찾아내야 합니다. 그리고 나머지 문장은 중심 내용을 담은 문장을 부연(더해서 자세히 설명함) 설명하는 역할을 합니다. 중심 내용을 담은 문장은 일반적으로 문단의 맨 앞에 나올 때가 많지만, 간혹 마지막에 나올 수도 있습니다. 부연 설명하는 문장(들)은 그 중심 내용을 담은 문장과 자연스럽게 연결되어야 합니다.

❷ 문단 내에서 내용의 통일성이 지켜지고 있는지 확인하세요

한 문단에는 하나의 요지를 나타내는 문장이 있고, 나머지는 그 요지에 관해 부연 설명하는 문장입니다. 여러 문장이 이 관계를 제대로 지키고 있는지를 살피면서 글을 읽어야 합니다.

❸ 긴 글은 문단끼리의 연결 관계를 파악하세요

여러 개의 문단으로 이루어진 긴 글을 읽을 때 문단끼리의 관계를 확인하세요. 각 문단의 역할을 알아야 글을 제대로 이해할 수 있습니다.

어떻게
묻나요?

이런 질문이 나와요!

• 아래 주어진 문장들이 '중심 내용이 담긴 문장'인지 '부연 설명하는 문장'인지 구분하시오.

• 다음 중 〈가〉문단의 중심 문장(요지)을 찾아 쓰시오.

• 돌고래의 지능을 설명하는 문단을 찾아 쓰시오.

연습하기

문장의
역할 알기 **1** 글의 중심 내용(요지)이 담긴 문장에는 '중심', 부연 설명에는 '부연'이라고 쓰시오.

(1)

①11월 1일부터 2일까지 이틀간, 저희 밴드 "사다리"가 XX숲 야외 무대에서 공연을 펼칩니다! ②공연 시작 시간은 오후 5시부터 8시까지입니다. ③각종 음료와 맛있는 음식을 포함하여 공연을 즐길 수 있는 비용은 3만 원입니다. ④모든 수익금은 동물 사료로 바꾸어 유기동물 보호소에 기부됩니다.

① _____   ② _____   ③ _____   ④ _____

(2)

①손에 들어 있던 물건을 놓치면 땅에 떨어지죠? ②무거운 물건은 바로 떨어지고 깃털처럼 가벼운 것은 천천히 떨어집니다. ③이렇듯 물건이 땅에 떨어지는 것은 지구의 중력 때문입니다. ④중력은 지구가 물체를 끌어당기는 힘으로, 지구상의 모든 물체에는 중력이 작용합니다.

① _____   ② _____   ③ _____   ④ _____

글을 읽고 질문에 답하시오.

인간을 제외하고 가장 지능이 높은 동물은 무엇일까? 흔히 침팬지나 돌고래를 떠올릴 것이다. 그런데 침팬지나 돌고래 못지 않게 까마귀도 지능이 높다고 한다. 어떤 까마귀 종은 구멍 속 먹이를 꺼내기 위해 부리로 나뭇가지를 집어서 사용하기도 하고, 도토리처럼 껍데기가 딱딱한 나무열매는 도로에 떨어뜨려 지나가는 자동차나 사람 발에 껍데기가 깨지면 열매만 주워 먹는다고 한다. 심지어 숫자도 3까지는 셀 줄 안다는 것이 연구를 통해 밝혀졌다.

(1) 이 글의 주제는 무엇인가?

① 침팬지와 돌고래   ② 까마귀의 먹이

③ 지능이 높은 동물   ④ 까마귀의 지능

⑤ 까마귀가 쓰는 도구

(2) 이 글의 중심 내용이 담긴 문장(요지)을 찾아 쓰시오.

_____

_____

(3) 까마귀가 똑똑하다는 근거로 글에 제시된 세 가지를 고르시오.

① 까마귀는 숫자도 3까지 셀 줄 안다.

② 까마귀는 동료와 연합하여 다른 동물을 공격한다.

③ 까마귀는 다람쥐가 숨겨 놓은 나무 열매를 찾아 빼간다.

④ 까마귀는 주변 환경을 이용해 딱딱한 열매 껍데기를 깬다.

⑤ 까마귀는 좁은 곳에 있는 먹이를 꺼내는 데 도구를 쓴다.

문단의 요지 이해하기 ③ 글을 읽고 질문에 답하시오.

〈가〉 저는 세종입니다. 내일은 저와 집현전 학자들이 3년 동안 공들여 만든 훈민정음을 백성들에게 소개하는 날입니다. 우리나라는 고유의 문자가 없어 중국의 문자인 한자를 빌려 쓰고 있지만, 왕이나 양반들 말고 일반 백성이 한자를 배운다는 것은 사실상 어려운 일이었습니다. ㉠평생 글을 읽고 쓰지 못하는 백성들을 보고 안타까운 마음에, 저는 백성들에게는 배우기 쉽고 쓰기 편한 문자가 필요하다는 생각이 들었습니다. 그래서 저는 집현전 학자들과 함께 우리나라만의 글자를 만들기로 결심했습니다.

〈나〉 새로운 문자를 창제하는 과정은 쉽지 않았습니다. 중국과 다른 문자를 쓰는 것은 큰 나라를 모시는 예의에 어긋난다는 이유, 그리고 배우기 쉬운 문자로 공부하면 어려운 한문은 배우지 않게 되어 결국 공부를 게을리하게 된다는 이유로 반대하는 신하가 많았기 때문입니다. ㉡어떤 신하들은 왕인 내가 만드는 문자를 '언문'이라 낮춰 부르기도 했으니 반대가 얼마나 심했는지 쉽게 짐작할 수 있을 것입니다.

〈다〉 오랜 연구 끝에 저희는 발음기관의 모양을 따 자음을 만들고, 하늘·땅·사람을 본 떠 모음을 만들었습니다. ㉢그 결과, 자음과 모음을 합해 모두 28개의 문자가 탄생했고, 이제 백성들은 28개 문자만 익히면 그것을 조합하여 수없이 많은 낱말들을 읽고 쓸 수 있게 되었습니다. 28개의 적은 글자로도 거의 모든 소리를 표현할 수 있고 누구나 배우기 쉽도록 체계적으로 만들어졌기 때문에 훈민정음은 과학적이고 합리적인 문자입니다. 기본적으로 3,000자 넘게 외워야 했던 한자와 비교하면 새로 만든 문자가 얼마나 쉽고 사용하기 편한지 알 수 있습니다. ㉣저희가 만든 이 문자의 힘을 두려워한 일본은 4백여 년 후 불법으로 우리나라를 지배하는 동안 이 문자를 없애려고 온갖 수를 썼습니다.

〈라〉 저는 이 문자를 '백성을 가르치는 바른 소리'라는 뜻을 지닌 '훈민정음'이라고 이름을 붙였습니다. 저는 이 훈민정음을 배워 백성들도 글을 읽고 썼으면 좋겠습니다. ㉤백성들이 행복하고 편안해야 우리 조선이 더 안정되고 튼튼한 나라가 될 수 있지 않을까요?

• 창제하는 전에 없던 것을 처음으로 만들거나 정하는 (웹) 창제하다
• 언문 상스러운 말을 적는 문자라는 뜻으로 '한글'을 속되게 이르던 말

(1) 아래 질문에 해당하는 문단의 기호를 쓰시오.

　　① 훈민정음의 창제 이유와 만든 사람을 소개한 문단은 무엇인가?　　_____문단

　　② 훈민정음의 원리와 장점이 설명된 문단은 무엇인가?　　_____문단

　　③ 훈민정음의 뜻과 만든 사람의 소망이 담긴 문단은 무엇인가?　　_____문단

　　④ 훈민정음 창제 과정의 어려움에 드러난 문단은 무엇인가?　　_____문단

(2) 〈가〉~〈라〉에서 각 문단의 중심 내용을 담은 문장을 찾아 쓰시오.

　　• 〈가〉: _____

　　_____

　　• 〈나〉: _____

　　_____

　　• 〈다〉: _____

　　_____

　　• 〈라〉: _____

　　_____

(3) 훈민정음의 자음과 모음은 무엇을 본 떠 만들어졌는가?

자음	모음

(4) 밑줄 친 ㉠–㉤ 중 글의 흐름과 맞지 않는 것은 무엇인가?

　　① ㉠　　　　　　　　　② ㉡

　　③ ㉢　　　　　　　　　④ ㉣

　　⑤ ㉤

(5) 훈민정음에 관한 설명으로 바르시 <u>않은</u> 것은 무엇인가?

① 훈민정음은 '백성을 가르치는 바른 소리'라는 뜻이다.

② 훈민정음 창제를 모든 신하들이 찬성하고 지지하였다.

③ 훈민정음은 세종과 여러 학자들이 함께 연구하여 만들었다.

④ 훈민정음은 자음과 모음을 합해 총 28개 문자로 이루어졌다.

⑤ 훈민정음은 누구나 배우기 쉽게 체계적으로 만들어진 문자이다.

(6) 아래 빈칸을 알맞은 말로 채워 글의 제목을 완성해 봅시다.

☐☐ 을 위한 문자 ☐☐☐☐

(7) 다음 중 세종대왕이 이 글을 쓴 목적으로 가장 알맞은 무엇인가?

① 훈민정음과 한자를 비교하기 위해

② 훈민정음을 반대하는 입장을 설명하기 위해

③ 훈민정음의 창제 이유와 원리를 알리기 위해

④ 훈민정음의 우수성을 다른 나라에 소개하기 위해

⑤ 훈민정음 창제에 참여한 사람들을 격려하기 위해

글의 구성 알기

글은 하나의 문단으로만 이루어질 수도 있고, 여러 개의 문단이 엮여서 길어질 수도 있습니다. 글이 어떻게 쓰였는지, 즉 글의 구성 방식을 이해하면 글에서 중요한 정보를 쉽게 찾을 수 있고 글을 구성하는 문단들의 관계도 잘 이해할 수 있습니다. 대표적인 구성 방식으로는 '나열', '원인과 결과', '비교와 대조', '순차적 구성'이 있습니다.

어떻게 하나요?

 '글의 구성 알기'는 이렇게 해요!

❶ 정보나 의견을 '나열'하는 문장 형태가 나오는지 확인하세요

'첫째(첫 번째), 둘째(두 번째), 셋째(세 번째)… 마지막으로'와 같은 말(표시어)과 함께 주제와 관련된 정보나 의견이 계속 나온다면 '나열' 방식으로 쓰인 글입니다. 어떤 정보가 나열되었는지 확인하면서 글을 읽으세요.

❷ 글이 주로 '원인과 결과'를 설명하고 있는지 확인하세요

글의 주된 내용이 발생한 일의 인과관계를 설명하는 것이라면, 그 글은 '원인과 결과' 방식으로 쓰인 것입니다. '왜 ~할까? ~한 이유(원인)을 알아보자', '~때문에 어떠한 일들이 벌어졌는지 살펴보자'와 같은 말이나 '왜냐하면, ~하기 때문이다, 따라서, 그래서' 등의 표시어가 자주 나오는지 확인하세요.

❸ 글에서 '비교 또는 대조'하면서 내용을 전달하는지 확인하세요

어떤 두 가지 항목의 비슷하거나 같은 점 또는 다른 점을 설명하는 것이 '비교/대조' 방식입니다. 'A와 B의 공통점 또는 차이점을 알아보자'와 같은 말이 나오면 비교 또는 대조 방식으로 쓴 글임을 알 수 있습니다. '비교'를 나타내는 말(표시어)에는 '~와 마찬가지로, ~처럼, ~같이', '대조'를 나타내는 표시어는 '그러나, 그럼에도 불구하고' 등이 있습니다.

❹ 정보(내용)를 시간 순서나 절차에 따라 설명하는지 확인하세요

시간 순서에 맞춰 사건이 전개되거나 절차에 따라 어떤 일을 설명하는 글의 구성 방식이 '순차적 구성'입니다. '순차적 구성'임을 알려주는 표현(표시어)으로는 '어릴 때, 중학교에 입학한 후에, 어른이 되어'와 같은 말이나 '먼저, 첫째(로), 둘째(로), 그다음에, 마지막으로' 등이 있습니다. '첫째로, 둘째로'와 같은 말이 나오면 '나열' 방식이라고 생각할 수 있지만, '순차적 구성'은 설명 순서를 바꾸면 절대로 안 된다는 점에서 '나열'과 다릅니다.

어떻게
묻나요?

 이런 질문이 나와요!

• 글이 쓰인 방식이 '나열'임을 표시하는 말을 찾아 쓰시오.
• 이 글은 어떤 방식으로 쓰인 글인가?
• 글을 읽고 글의 구성 방식을 알려 주는 표현 및 표시어를 찾아 적으시오.

 연습하기

 글을 읽고 질문에 답하시오.

사랑스럽고 귀여운데다가 똑똑하기까지한 고양이. 고양이의 특성 중 하나가 물을 적게 마신다는 것입니다. 고양이는 왜 물을 적게 마실까요?

그 이유는 고양이가 아프리카의 메마르고 건조한 사막 지역에서 살다가 진화한 동물이기 때문이라고 합니다. 물이 부족한 지역에서 살다 보니 물을 아껴 마셔야 했고, 몸에 물을 효율적으로 보존하는 능력이 좋아질 수 밖에 없었다는 것이죠. 그런 습성이 오늘날까지 내려오는 것으로 추측되고 있습니다.

• 진화 생물이 과거로부터 현재에 걸쳐 변화해 온 과정
• 습성 오랫동안 되풀이되어 몸에 익은 행동이나 습관

(1) 이 글은 어떤 방식으로 쓰인 글인가?

① 나열   ② 비교와 대조
③ 원인과 결과   ④ 순차적 구성

(2) 글의 구성 방식을 알려 주는 표현 및 표시어를 찾아 적으시오.

_____

_____

(3) 고양이가 물을 조금 마시는 이유를 무엇 때문이라고 하는지 쓰시오.

_____

_____

글의 구성 방식 알기 ② 글을 읽고 질문에 답하시오.

예부터 우리나라에 내려오는 대표적인 민속 놀이에는 어떤 것들이 있을까?

첫 번째로는 투호놀이가 있다. 고려 시대에 시작된 것으로, 일정한 거리에 떨어져 있는 통에 화살을 던져 누가 많은 수를 넣는가를 겨루는 놀이이다. 조선 시대에는 궁중이나 양반집에서 주로 하였으나, 오늘날에는 학교 체육 시간이나 명절 행사로 누구나 쉽게 할 수 있는 놀이가 되었다.

그다음으로는 윷놀이가 있다. 주로 명절에 여러 명이 편을 나누어 네 개의 윷가락을 던지며 노는 놀이로, 윷가락이 떨어졌을 때 보이는 앞뒤 면의 수에 따라 말이 이동하는 칸 수가 결정된다. 가지고 있는 말 전부가 가장 빨리 윷판을 돌아 들어온 팀이 승리한다. 말을 놓는 전략을 잘 세우는 것이 중요하다.

세 번째로 남자들이 실외에서 하던 제기차기가 있다. 제기는 엽전이나 쇠붙이에 얇고 긴 종이나 천을 접어 붙여 만들었다. 발 안쪽으로 제기를 차는데, 많이 차는 사람이 이긴다. 제기차기에는 발 들고 차기, 양발 차기, 뒷발 차기 등 여러 방법이 있다.

마지막으로 소개할 놀이는 널뛰기이다. 길고 두꺼운 널빤지 가운데를 멍석 등으로 괴고 양쪽 끝에 한 사람씩 올라 뛰어 올랐다 내려오는 놀이로, 균형을 잘 잡아야 한다. 옛날에 여자들이 바깥 출입을 자주 할 수 없던 시절, 담 밖의 세상을 보기 위해서 널뛰기를 했다는 말도 있다.

• 괴고 기울지 않게 아래를 받쳐 고정시키고 ⑨ 괴다

(1) 이 글의 내용은 어떻게 전개되고 있는가?

① 윷놀이와 제기차기의 특성을 비교했다.

② 한국의 민속 놀이 종류를 나열했다.

③ 실외 민속 놀이가 발달한 원인을 설명했다.

④ 여러 민속 놀이가 만들어진 순서에 따라 설명했다.

(2) 글의 구성 방식을 알려 주는 표현 및 표시어를 찾아 적으시오.

_____

_____

(3) 다음 중 글의 내용에 관한 설명으로 바르지 <u>않은</u> 것은 무엇인가?

① 엽전이나 쇠붙이에 얇은 천을 접어 붙여 제기를 만든다.

② 윷놀이를 할 때 말을 놓는 전략이 중요하다.

③ 제기차기할 때 제기를 차는 방법은 하나로 정해져 있다.

④ 투호놀이는 고려 시대부터 하기 시작했다.

⑤ 바깥 출입이 어려웠던 여자들은 널을 뛰면서 담 밖 세상을 구경했다.

글의 구성 방식 알기 3 글을 읽고 질문에 답하시오.

오징어와 문어의 몸은 몸통, 머리, 다리 세 부분으로 나뉩니다. 이것 때문에 이 둘은 비슷한 종처럼 보이지만 다른 점이 더 많습니다. 어떤 점이 다른지 살펴 볼까요?

문어의 다리는 8개인데 오징어의 다리는 총 10개입니다. 그중 두 개는 다른 다리보다 긴데, 이를 '촉완'이라고 부릅니다. 오징어는 이 촉완으로 먹이를 잡아 먹지만 문어는 촉완이 없지요. 그리고 두 동물의 몸통을 보면 오징어는 등쪽에 몸의 중심을 잡는 지지대가 있는 반면 문어는 그런 지지대가 없습니다.

오징어와 문어는 잡는 방법도 다릅니다. 문어는 주로 바다의 바닥에서 생활 하기 때문에 통발에 미끼를 넣고 통발을 바닷속 바닥까지 내려서 잡습니다. 하 지만 오징어는 바닷속을 헤엄치며 삽니다. 그래서 미끼를 바다에 던져 낚는 방 법으로 잡지요.

• 통발 물고기를 가두어 잡기 위해 통처럼 싸리 등을 통처럼 엮어 만든 도구

(1) 이 글은 어떤 방식으로 쓰였는가?

① 오징어와 문어의 종류와 각 특징을 나열했다.

② 오징어와 문어의 진화 과정을 순서대로 썼다.

③ 오징어와 문어의 차이가 생긴 이유를 썼다.

④ 오징어와 문어를 비교하여 차이점을 정리했다.

(2) 글의 구성 방식을 알려 주는 표현 및 표시어를 찾아 적으시오.

_____

_____

(3) 오징어와 문어의 차이점을 아래 표에 정리하시오.

오징어	문어
• 다리 개수: (　　　)개 • 촉완 개수: (　　　)개 • 몸의 중심을 잡는 지지대: 　(있다/없다) • 활동 공간: (　　　)을 헤엄치며 산다. • 잡는 방법: 바다에 (　　　)를 던져 낚는다.	• 다리 개수: (　　　)개 • 촉완 개수: (　　　)개 • 몸의 중심을 잡는 지지대: 　(있다/없다) • 활동 공간: 바다 (　　　)에서 산다. • 잡는 방법: 바다 (　　　)에 　(　　　)을 내려서 잡는다.

글의 구성 방식 알기 ④ 글을 읽고 질문에 답하시오.

　물에 빠져 의식을 잃은 사람이나 갑자기 숨을 제대로 쉬지 못하고 쓰러진 사람을 봤을 때에는 4분 안에 심폐소생술을 실시하면 목숨을 살릴 수 있습니다! 심폐소생술은 어떻게 하는지 한 번 배워 볼까요?

　우선, 환자의 의식이 있는지 확인합니다. 의식이 없다면 바로 119에 연락을 한 후 환자를 바닥에 반듯하게 눕히세요. 그 다음에는 고개를 뒤로 젖혀야 합니다. 사람이 의식을 잃으면 보통은 혀가 말려 들어가 기도를 막습니다. 따라서 고개를 젖히고 턱을 조심스럽게 앞으로 잡아 빼서 공기가 들어갈 수 있게 기도를 열어 주세요.

　　그런 후에는 귀를 환자의 코 근처에 대고 환자가 호흡을 하는지 확인합니다. 약 10초 정도 확인하면 됩니다. 환자가 숨을 쉬지 않으면 환자의 명치 쪽에 두 손을 포개고 강하게 누릅니다. 10초에 15~20회 꼴로 힘을 주어 심장을 압박하세요. 구급대가 올 때까지 이렇게 가슴 압박을 하면서 심폐소생술을 계속해 주세요.

- 기도 숨을 쉴 때 공기가 통하는 길
- 명치 사람의 몸에서 가슴 바로 밑 한가운데에 오목하게 들어간 곳

(1) 이 글은 어떤 방식으로 쓰였는가?

① 어른과 아기의 심폐소생술 방식의 차이를 설명했다.

② 심폐소생술의 종류와 방법을 예를 들어 설명했다.

③ 심폐소생술을 해야 하는 이유를 집중적으로 설명했다.

④ 심폐소생술을 하는 방법을 순서대로 설명했다.

(2) 글의 구성 방식을 알려 주는 표현 및 표시어를 찾아 적으시오.

_____

_____

(3) 심폐소생술 순서에 맞게 아래 기호를 나열하시오.

　　㉠ 10초 간 환자가 호흡을 하는지 확인한다.

　　㉡ 구급대가 올 때까지 가슴 압박을 계속한다.

　　㉢ 환자를 바닥에 똑바로 눕히고 고개를 뒤로 젖힌다.

　　㉣ 턱을 앞으로 잡아 빼서 기도를 열어 준다.

　　㉤ 환자 명치에 두 손을 포개고 강하게 누른다.

(　　　 → 　　　 → 　　　 → 　　　 → 　　　)

요약하기

글에서 핵심적인 내용만 빼서 짧게 간추리는 것을 '요약하기'라고 합니다. 글을 제대로 요약하려면 중요한 정보를 나타내는 핵심어와 주제, 요점을 잘 파악해야 합니다. 요약을 잘 하면 글을 이해하기가 쉬워집니다.

어떻게
하나요?

'요약하기'는 이렇게 해요!

❶ 문단의 요지와 글의 구성 방식을 파악하세요

문단에서 중요하게 전달하는 정보와 중심 내용이 무엇인지 파악하고, 문단별로 이를 따로 정리해 두는 게 좋습니다. 또한 글의 구성 방식을 알면 어떤 정보에 집중해야 하는지 더 정확하게 파악할 수 있습니다.

❷ 글의 구조를 파악하여 구조도를 짜 보세요

문단별 중심 내용을 파악한 다음에는 중요 정보와 핵심어를 정리해 글의 구조도를 짜 봅시다. 논설문처럼 주장과 근거로 이루어진 글은 일반적으로 서론(처음), 본론(가운데), 결론(끝)이라는 세 덩어리로 요약할 수 있습니다. 서론에서는 글쓴이의 주장과 그 주장에 관한 상황을 소개하고, 본론에서는 주장에 대한 근거를 제시합니다. 결론에서는 한 번 더 글쓴이의 주장을 요약하여 언급합니다.

❸ '누가, 언제, 어디서, 무엇을, 어떻게, 왜'를 정리해 보세요

소설과 같은 이야기 형식의 글을 읽을 때 '누가, 언제, 어디서, 무엇을, 어떻게, 왜' 했는지를 정리하며 읽으면 글을 쉽게 요약할 수 있습니다.

어떻게
묻나요?

이런 질문이 나와요!

- 〈보기〉에서 알맞은 낱말을 찾아 글의 내용을 간단히 정리한 표의 빈칸을 채우시오.
- 사건의 순서에 따라 아래 내용을 정리하시오.

중요 정보,
핵심어 알기 **1** 글을 읽고 질문에 답하시오.

"유레카"라는 말을 들어 본 적이 있나요? 그리스어로 '알아냈다'라는 뜻인데, 이 말은 기원전 그리스의 도시 국가인 시칠리아에서 태어난 수학자 겸 물리학자인 아르키메데스가 어떤 과학적 깨달음을 얻었을 때 내뱉은 말입니다. 그가 "유레카!"를 외치게 된 사건의 배경을 살펴볼까요?

기원전 220년경 시칠리아의 왕이 한 장인에게 순금으로 왕관을 만들라고 지시했습니다. 얼마 뒤 그 장인은 번쩍번쩍 멋진 왕관을 가져와 왕에게 바쳤죠. 그런데 왕은 왕관이 정말 온전히 금으로만 만들어졌는지 아니면 다른 것을 섞었는지 알 수가 없었습니다. 왕은 아르키메데스를 궁으로 불렀습니다. 그리고는 아르키메데스에게 왕관이 순금으로 만들어졌는지 확인하는 방법을 찾아보라고 하죠.

왕관을 받아 집에 온 아르키메데스는 몇 날 며칠을 고민했습니다. 이 방법 저 방법을 다 써 봤지만 왕관이 순금으로 만들어졌는지 확인할 길이 없었죠. 고민을 거듭하다가 하루는 씻으려고 목욕통 안에 들어갔습니다. 통 속에 몸이 다 잠기기도 전에 통 안의 물이 넘치기 시작했는데, 그 모습을 멍하게 지켜보던 아르키메데스는 갑자기 깨달음을 얻게 됩니다. 목욕통에 몸을 넣으면 자기 몸의 부피만큼 물이 넘친다는 것을 깨닫고 "유레카!"라고 외치며 알몸으로 뛰어나왔습니다.

그는 곧바로 집에 가서 통을 하나 가져다가 물을 채웠습니다. 그 안에 왕관을 만드는 데 들어가야 하는 양의 순금을 넣고 물이 넘치는 양을 쟀습니다. 그런 다음 그는 왕관을 동일한 양의 물을 채워서 그 통에 넣었습니다. 100% 금이 아니라 다른 불순물, 예를 들어 은이나 구리가 섞여 있다면 그것들의 부피는 금 부피와 다르기 때문에 넘치는 물의 양은 순금을 넣었을 때 넘친 양과 달라지죠. 이 실험으로 그는 왕관의 비밀을 알아낼 수 있었습니다.

• 기원전 예수 그리스도가 태어난 해를 역사의 기준이 되는
  발생 근원으로 하여 그 기원이 시작되기 이전을 뜻하는 말

(1) 글에서 알맞은 말을 찾아 아래 빈칸을 채워 글을 요약하시오.

기원전 220년경, 그리스 시칠리아의 왕은 유명한 수학자 겸 물리학자였던 (   )에게 왕관이 (   )으로만 만들어졌는지 확인할 방법을 찾아내라고 지시했다. 고민을 거듭하던 중, 씻기 위해 목욕탕에 들어갔던 아르키메데스는 자기 몸의 (   )만큼 목욕통의 물이 넘치는 것을 보고 문제 해결 방법을 발견한 후 "유레카(알아냈다)!"라는 말을 남겼다고 한다. 아르키메데스는 왕관을 만들 때 들어가야 했던 양만큼의 (   )을 물이 담긴 통에 넣은 후 물이 (   ) 양을 쟀다. 그런 다음 왕관을 같은 양의 (   )이 담긴 통에 넣고 넘친 (   )의 양을 비교하여 왕관의 비밀을 풀었다.

사건 순서 정리하기 ② 글을 읽고 질문에 답하시오.

어느 마을에 유명한 게으름뱅이가 있었어. 얼마나 게으른지 밥을 차려 줘도 떠먹기조차 귀찮아하고, 농사철에도 다른 사람들은 열심히 일하는데 누워 빈둥거리기만 할 뿐이었지. 그러니 이 남자의 아내가 얼마나 속이 터졌겠어? 참다못한 아내는 남자에게 제발 일 좀 하라고 잔소리를 퍼부었어. 그러던 어느 날 아내가 또 잔소리를 시작하자 남자는 벌떡 일어나더니 집을 나가 버렸어.

"에이, 저 잔소리. 내가 잔소리를 계속 듣고 사느니 집을 나가고 만다."

집을 나선 남자는 뒷산을 넘다가 오두막이 한 채 있는 것을 보았지. 오두막에 다가가니 방에 한 노인이 열심히 탈을 만들고 있더군. 무슨 탈인지 궁금해서 그는 노인에게 말을 걸었어.

"실례합니다, 어르신. 뭘 만들고 계신 건가요?"

"쇠머리탈이오. 일하기 싫은 사람이 이 탈을 쓰면 좋은 수가 생긴다오."

남자는 귀가 번쩍 띄었지.

"이 탈을 쓰면 좋은 수가 생긴다고요? 영감님, 그 탈 제가 써 봐도 될까요?"

남자는 얼른 노인에게 탈을 받아 덮어 썼어. 그런데, 글쎄 몸이 이상하게 변하잖아? 쇠머리탈을 벗을 수가 없었고 네 다리로 걷게 되었어. 목소리도 '음매, 음매'밖에 나오지 않는 거야!

　　노인은 소로 변한 남자의 목에 밧줄을 걸고 시장으로 끌고 나갔어. 한 농부에게 소를 팔면서 이 소는 무를 먹으면 병이 나니 무를 주지 말라고 했지.

　　그날부터 소가 된 남자는 쉴 새 없이 일을 해야 했어. 쟁기를 지고 논밭을 갈고, 무거운 짐을 옮겼어. 먹을 것도 조금밖에 주지 않았지. 저녁 늦게까지 일하고 새벽 일찍 일어나서 온종일 일만 하니 온몸에 아프지 않은 곳이 없었어. 그런 생활이 너무 힘이 들어 남자는 차라리 병이라도 나면 좋겠다고 생각했지.

　　'노인이 무를 먹으면 병이 난다고 했지? 무를 먹고 며칠 좀 쉬어야겠다.'

　　다음 날, 소가 된 남자는 논에서 일하다가 틈을 봐 옆의 무 밭으로 뛰어 들어가 무를 우걱우걱 씹어 먹었어. 그런데 이게 웬일이야? 갑자기 얼굴과 온몸을 뭔가가 잡아당기는 듯하더니, 쇠머리탈이 벗겨지고 몸을 감싸고 있던 소의 털가죽이 다 떨어져 나간 거야! 남자는 다시 사람으로 돌아온 거지!

　　남자는 크게 기뻐하며 집으로 돌아갔어. 남자는 아내에게 지난 날 자신의 게으름을 사과하고 그때부터 매우 열심히 일하는 사람이 되었다고 해.

• 오두막 사람이 겨우 살아갈 수 있을 만큼 작고 초라한 집

(1) 글의 내용에 관한 설명 중 바르지 않은 것을 고르시오.
① 소로 변한 남자는 매일매일 힘들게 일해야 했다.
② 남자는 원래 지독하게 게을러서 일하기 싫어했다.
③ 노인 덕분에 남자는 자신의 게으름을 고칠 수 있었다.
④ 노인은 남자에게 쇠머리탈을 씌워서 소로 변하게 하였다.
⑤ 노인은 소가 사람으로 변하기 때문에 무를 먹이면 안 된다고 하였다.

(2) 글을 읽고 아래 ㉠~㉤을 벌어진 일의 순서에 맞게 나열하시오.

㉠ 농부에게 팔려 간 소는 몸이 부서져라 매일 열심히 일을 해야만 했다.
㉡ 다시 사람이 된 남자는 집으로 돌아가서 열심히 일했다.
㉢ 어느 마을에 게으른 남자가 아내의 잔소리를 피해 집을 떠났다.
㉣ 오두막에서 노인에게 받은 쇠머리탈을 쓰자 남자는 소로 변했다.
㉤ 지친 소는 좀 쉬고 싶은 마음에 무를 먹고 병을 얻으려고 하였다.

(　　　　→　　　　→　　　　→　　　　→　　　　)

추론하기

주어진 정보를 바탕으로 인물의 성격, 앞으로 벌어질 것 같은 일, 이후에 발생할 법한 사건, 낱말의 뜻 등을 미루어 짐작하는 독해 기술을 '추론하기'라고 합니다. 추론은 논리적 사고력이 필요한 아주 높은 수준의 독해 기술입니다.

어떻게
하나요?

 '추론하기'는 이렇게 해요!

① 글에 나온 정보(내용)를 바탕으로 추측하세요

추론을 할 때는 반드시 글에 나온 정보(내용)에 바탕을 두고 판단해야 합니다. 다른 책에서 읽었거나 들어서 이미 알고 있던 지식을 바탕으로 판단을 내리는 것이 아니라, 글에 나온 내용과 정보만 근거로 삼아야 합니다.

② 앞뒤 내용이 자연스럽게 연결되는지 생각하며 읽으세요

이후에 벌어질 일 또는 인물이 할 것 같은 말이나 행동을 예상하는 문제가 나오면, 내용을 연결했을 때 흐름이 자연스러운 선택지를 골라야 합니다.

③ 인물의 말과 행동으로 인물의 성격을 추측하세요

등장인물의 성격을 짐작하는 문제를 풀 때는 인물의 말이나 행동을 묘사한 문장, 또는 인물에 관해 설명한 문장을 주의해서 읽어야 합니다.

어떻게
묻나요?

 이런 질문이 나와요!

• 다음 중 이후에 벌어질 일로 알맞은 것을 고르시오.

• 글에 따르면, 진우의 성격은 어떠할 것 같은가?

• 여우가 밑줄 친 것처럼 말한 이유는 무엇일까?

• 다음 중 의사의 심경 변화를 가장 잘 나타낸 것은 무엇인가?

연습하기

성격과 할
말 짐작하기 ① 글을 읽고 질문에 답하시오.

어느 마을에 가난한 랍비가 살았다. 하루는 시장에 가서 어느 상인에게 당나귀를 사서 집에 끌고 왔다. 랍비의 제자들이 당나귀를 냇가로 끌고가 씻기고 털을 빗겼다. 그런데 털을 빗기는 도중에 목덜미에서 크고 반짝이는 것이 떨어졌다. 주워서 보니 큰 다이아몬드 아닌가? 놀란 제자들은 다이아몬드를 들고 랍비에게 뛰어갔다.

"선생님, 오늘 산 당나귀 털에서 이 다이아몬드가 나왔습니다! 이제 이 다이아몬드를 팔아서 좋은 집도 사고 일꾼들도 부리면서 사시지요."

흥분한 제자들과 달리 랍비는 덤덤하게 이야기를 듣고 있다가 입을 열었다.

"다이아몬드는 상인에게 돌려 줘야겠군. 내가 산 것은 당나귀뿐이니까."

말리는 제자들을 뿌리치고 랍비는 시장으로 가서 당나귀를 판 상인을 찾아가 당나귀 털 속에서 다이아몬드가 나왔다고 말하며 돌려주었다.

"그런데 선생님, 굳이 이 다이아몬드를 제게 돌려주시는 이유가 뭔가요? 그냥 모른 척 가지셔도 됐을 텐데."

㉮

랍비의 대답을 들은 상인은 큰 감동을 받았다.

• 뿌리치고 힘껏 털어내거나 붙잡지 못하게 하고 ⑧ 뿌리치다

(1) 다음 중 빈칸 ㉮에 들어갈 알맞은 랍비의 대답은 무엇일까?

　① 당나귀가 다이아몬드를 원래 주인에게 돌려주라고 말했소.

　② 내가 돈을 내고 산 것은 당나귀지 다이아몬드가 아니므로 나는 당나귀만 갖겠소.

　③ 제자들이 이 다이아몬드가 가짜인 것을 알아내서 다시 돌려주려고 하오.

　④ 내가 돌려주지 않으면 당신은 나를 다이아몬드 도둑으로 몰 것 아니오?

　⑤ 이 다이아몬드를 돌려 주는 대가로 나에게 받은 당나귀 값을 도로 주면 좋겠소.

(2) 글을 통해 짐작할 수 있는 랍비의 성격은 어떠한가?

　① 소심하다　　　　② 꾀가 많다　　　　③ 공짜를 좋아한다

　④ 부지런하다　　　⑤ 정직하다

47

적용 및 문제 해결하기

글을 읽고 이해한 정보나 내용은 그 글 안에서 끝나는 것이 아니라 다른 상황에 적용하거나 다른 문제를 해결하는 데 활용할 수도 있습니다. 이러한 '적용하기' 또는 '문제 해결하기'는 높은 수준의 독해 실력입니다.

어떻게
하나요?

 '적용 및 문제 해결하기'는 이렇게 해요!

① 글 속의 정보를 잘 정리하세요

글을 읽을 때 관련 있는 정보끼리 따로 분류해서 표시하거나 별도로 표에 정리를 해 두면 좋습니다.

② 글의 정보, 글의 주제 및 교훈을 다른 상황에도 적용해 보세요

글을 읽는 목적은 단순히 읽고 있는 글의 내용을 제대로 이해하기 위한 것만은 아닙니다. 다른 상황에서 문제를 해결하는 데에도 이해한 내용을 적용하는 능력을 키우기 위해서이기도 합니다. '적용하기'나 '문제 해결하기' 기술이 요구되는 문제를 풀 때, 자기가 이미 알고 있는 지식에 비추어 답을 생각하는 게 아니라 글에서 다루는 정보를 바탕으로 답을 골라야 합니다. 글에서 얻은 정보를 다른 상황에 적용하거나 그것을 이용해 다른 문제를 해결하는 것 외에도, 글의 주제나 요지, 글에서 얻을 수 있는 교훈을 상황에 맞춰 적용해 볼 수도 있습니다.

어떻게
묻나요?

 이런 질문이 나와요!

• 이 글을 예로 들어서 글을 쓰려고 할 때 어울리는 주제는 무엇인가?
• 아래 상황에서 짐을 옮기는 가장 효과적인 방법을 글의 내용에 맞게 고르시오.
• 다른 문제가 없는데 냉장고의 문이 제대로 닫히지 않는다면 어떻게 해결해야 할까?(※글에 나온 내용을 바탕으로 생각하시오.)

연습하기

1 글을 읽고, 아래의 각 문장에 들어갈 말로 알맞은 것을 괄호 안에서 고르시오.

자주 쓰지만 쓸 때마다 헷갈리는 표현들이 있습니다. 대표적인 것이 '~로서'와 '~로써'입니다. 말할 때는 발음이 비슷해서 큰 문제가 안 되지만, 글로 쓸 때는 헷갈리기 쉽습니다. 글을 쓸 때 이 두 표현을 잘못 쓰면 뜻이 완전히 달라지지요. 이 둘은 각각 어떤 때 써야 할까요? 우선, 아래 주어진 문장 (가)와 (나)를 살펴봅시다.

(가) 공부하다가도 틈틈이 스트레칭을 해 줌으**로서** 어깨 뭉치는 것을 막을 수 있다.

(나) 그런 제의는 우리**로써**는 받아들일 수 없네요.

(가)와 (나) 둘 중에 사용이 올바른 것은 무엇일까요? 아쉽게도 둘 다 잘못 사용한 예시입니다. '~로서'는 '신분'이나 '자격'을 뜻하는 표현입니다. "금메달을 딴 우리 선수를 보니 한국인으로서 자랑스러웠다"나 "경찰로서 위험에 처한 어린아이를 구하는 것은 당연한 일입니다"와 같은 문장을 보면 '~로서'의 쓰임을 확실히 알 수 있어요.

'~로써'는 '~로서'와는 전혀 뜻이 다릅니다. "대화로써 문제를 해결하자"처럼 '수단'을 말할 때 사용하기도 하고, "그 행사가 시작된 지 올해로써 벌써 10년째이다"처럼 '기준이 되는 시점'을 표현하기도 합니다.

어떤가요? 이제 헷갈리지 않고 적절하게 '~로서'와 '~로써'를 구분하여 사용할 수 있겠죠?

(1) 책을 열심히 (읽음으로서 / 읽음으로써) 나는 많은 지식을 얻게 되었다.

(2) 하루에 6시간만 잔다니 (나로서는 / 나로써는) 상상도 못할 일이다.

(3) (학생으로서 / 학생으로써) 우리의 의무는 즐겁게 놀고 운동하고 열심히 공부하는 것이라고 생각합니다.

(4) 일 년에 한 번 열리던 이 행사도 (올해로서 / 올해로써) 마지막이라고 한다.

학생으로서?
학생으로써?

감상하기

시, 소설, 편지글을 포함하여 모든 글에는 글쓴이가 전달하려는 중심 내용이나 교훈이 있습니다. 그것을 잘 전달하기 위하여 글쓴이는 특정한 말과 표현을 선택하여 글을 씁니다. 글쓴이가 선택한 언어는 글의 독특한 어조와 분위기를 만들어 냅니다. 독해를 할 때 이러한 글의 전체적인 분위기를 잘 파악하고, 글의 내용이나 얻은 교훈의 범위 안에서 자기 느낌이나 의견을 낼 줄 알아야 합니다.

어떻게
하나요?

 '감상하기'는 이렇게 해요!

① 글의 분위기를 파악할 수 있는 표현에 주목하세요

글의 분위기를 파악하는 것은 시와 같은 문학 작품을 이해할 때 특히 중요합니다. 글의 분위기를 알면 글쓴이가 어떤 방향성으로 주제를 전달하고 싶어하는지 쉽게 이해할 수 있죠. 글에 쓰인 낱말이나 표현이 어떤 어감을 전달하는지 주의 깊게 확인하며 글을 읽으세요.

② 글의 주제와 요지, 핵심 내용을 이해하세요

글의 주제 및 요지, 글에서 전달하는 핵심 내용을 이해하면 글쓴이의 의도에 맞게 글을 감상할 수 있습니다. 글을 잘 감상하면 읽은 내용을 더욱 깊게 이해할 수 있고, 생각을 확장해 나가는 데에도 도움이 됩니다.

어떻게
묻나요?

 이런 질문이 나와요!

• 이 시에서 느껴지는 분위기는 어떠한가?

• 다음 중 글의 분위기로 알맞지 <u>않은</u> 것을 고르시오.

• 다음 중 글의 내용과 어울리지 <u>않은</u> 감상을 말한 친구는 누구인가?

 연습하기

분위기 파악하기 ① 아래 표현에서 느껴지는 알맞은 분위기를 고르시오.

(1)
- 눈물에 목이 메다
- 가슴이 찢어지는 것 같다
- 뒤돌아선 내 눈에 갑자기 눈물이 툭!
- 나를 버리고 가시는 님은 십 리도 못 가서 발병 난다

(신이 난다/슬프다/비판적이다/흥겹다)

(2)
- 들판에서 한가로이 풀을 뜯어먹고 있는 양떼와 소떼
- 엄마 품에서 새근새근 잠든 아기
- 산들산들 부는 바람, 따사로이 쏟아지는 햇살, 여기가 천국이구나

(쓸쓸하다/기쁘다/슬프다/평화롭다)

민요 감상하기 ② 글을 읽고 질문에 답하시오.

바람이 분다 바람이 불어
연평바다에 어얼싸 돈바람 분다
얼싸 좋네 아 좋네 군밤이여
에헤라 생률밤이로구나

눈이 온다 눈이 와요
이산 저 산에 어얼싸
흰 눈이 온다
얼싸 좋네 아 좋네 군밤이여
에헤라 생률밤이로구나

(경기 민요 "군밤타령" 중)

- 돈바람 돈이 많이 들어오는 것을 비유하는 말
- 에헤야 노래 부를 때 상황이 매우 우습고 흥겨움을 표현하는 말
- 생률밤 삶거나 굽지 않은 날밤

(1) 이 민요의 어조 및 분위기를 결정하는 낱말이나 표현을 찾아 쓰시오.

_____

(2) 이 민요에 관한 감상 중 가장 적절한 것은 무엇인가?

① 돈바람이 불고 흰 눈이 오니 신이 난 모습이다.

② 추운 겨울이 오는 것에 대해 불안해하고 있다.

③ 군밤을 잔뜩 먹을 수 있어서 기뻐하는 듯하다.

④ 눈이 많이 내리는 산속의 쓸쓸한 풍경이 그려진다.

⑤ 자연 현상 앞에 아무것도 못하는 인간의 약함이 드러난다.

[1-6] 다음 글을 읽고 문제를 풀어 보시오.

'카니발' 또는 '페스티벌'이란 말을 들어 본 적 있나요? 모두 '축제'를 뜻하는 말입니다. 세계 여러 나라에서는 다양한 축제가 열리고 있지요. 축제는 개인 또는 집단이 특별히 의미 있는 시간을 기념하는 일종의 종교적 의식에서 출발했어요. ㉠하지만 오늘날에는 종교 의식의 의미보다는 지역을 대표하는 문화로서의 의미가 더 크죠. 축제의 의미와 지구촌 곳곳에서 열리는 다양한 종류의 축제 문화를 살펴봅시다.

그렇다면 세계 여러 나라 축제를 종류별로 나누어 살펴볼까요? 축제의 종류는 축제의 목적에 따라 나눌 수 있습니다. 첫 번째, 신을 기리거나 신에게 기원하는 종교적 축제가 있습니다. 종교적 축제의 대표적인 예로는 우리나라의 강릉 단오제와 페루의 태양제가 있지요. ㉡이러한 종교적 축제는 사람들이 신과 만날 수 있는 수단으로 여겨졌고, 지역 사람들의 마음을 하나로 모으는 역할을 했어요. 오늘날에는 이러한 의미는 많이 약해졌지만 여전히 소중한 전통 문화의 한 부분으로 남아 있습니다.

두 번째, 지역 음식을 활용한 축제가 있습니다. 대표적으로 스페인에서 매년 개최되는 토마토 축제나 독일의 맥주 축제, 프랑스 망통의 레몬 축제 등이 있어요. 음식을 활용한 축제는 역사가 그리 길지 않지만, 그 지역의 대표 음식을 직접 맛보는 동시에 음식을 활용한 특별한 놀이나 볼거리를 즐길 수 있어서 인기가 있죠. 토마토를 던지며 즐기는 놀이나 맥주로 가득 채운 대형 마차 행렬, 레몬과 오렌지로 장식한 멋진 행진 등의 이색적인 풍경이 세계 여러 나라에서 찾아온 수많은 관광객들을 사로잡고 있답니다. ㉢하지만 많은 사람들이 찾아오는 만큼 축제 후 생기는 많은 쓰레기는 어떻게 해결할 수 있을까요?

세 번째, ㉣전 세계 예술가들을 초청해 다양한 예술 작품의 아름다움과 가치를 나누고 사람들의 문화 수준을 높이기 위한 예술 축제가 있습니다. 대표적으로는 프랑스의 칸느 영화제나 독일의 바그너 음악제, 영국의 에든버러 국제 페스티벌 등이 있어요. 그중 영국의 에든버러 국제 페스티벌은 제2차 세계대전으로 상처받은 이들의 마음을 예술을 통해 치유하려는 목적으로 시작되어, 매년 여러 나라의 공연팀을 초청하여 세계 최대의 공연 축제로 자리잡았답니다.

지금까지 살펴본 것처럼 축제는 종교적 의미에서 놀이 문화로, 그리고 이를 넘어 세계 여러 나라 및 지역의 역사와 삶을 이해할 수 있는 소중한 문화유산이 되었어요. ⑩세계 여러 나라의 축제를 직접 경험해 볼 수 있으면 얼마나 좋을까요? 세계 곳곳의 신나는 축제를 다 즐기려면 365일도 부족할 것입니다.

・기원 소망하는 일이 이루어지도록 비는 것
・이색적 색다른 성질을 지닌
・치유하려는 치료하여 병을 낫게 하려는 ㉺ 치유하다

 1 글에서 축제의 종류를 분류한 기준을 쓰시오.

_____

 2 다음 중 글을 통해 알 수 <u>없는</u> 사실은 무엇인가?

① 축제가 어떻게 시작되었는지

② 축제에는 어떤 종류가 있는지

③ 축제에는 어떤 의미가 있는지

④ 축제가 가지는 가치는 무엇인지

⑤ 축제로 발생되는 경제적 효과가 얼마인지

 3 다음 중 글의 내용으로 바른 것은 무엇인가?

① 오늘날의 축제는 종교적 의식으로서의 의미가 가장 크다.

② 강릉 단오제는 우리나라의 대표적인 종교적 축제이다.

③ 스페인에서는 토마토를 던지는 종교 의식이 오늘날까지 행해진다.

④ 예술 축제는 전쟁으로 희생된 사람들을 기리기 위해 시작되었다.

⑤ 지구촌 세계 곳곳에는 365개의 다양한 축제가 매년 열리고 있다.

문단 이해하기 4 ㉠–㉤ 중 글의 흐름과 어울리지 <u>않는</u> 것을 고르시오.

① ㉠   ② ㉡   ③ ㉢   ④ ㉣   ⑤ ㉤

글의 구성 알기 5 이 글의 내용은 어떻게 전개되는가?

① 왜 종교적 축제가 크게 열렸는지 원인을 분석했다.

② 종교적 축제와 지역 음식을 활용한 축제의 규모를 비교했다.

③ 예술 축제와 종교적 축제의 차이점을 설명하는 데 집중했다.

④ 축제의 종류를 분류하고 각각의 특징과 대표적인 축제를 나열했다.

⑤ 예술 축제의 기획과 운영에 관해 순차적으로 내용을 정리했다.

요약 하기 6 아래 표의 빈칸을 알맞은 말로 채워 글을 요약하시오.

축제의 종류

(1)(   ) 축제

– 신을 기리거나 신에게 기원을 올림

– 지역 사람들의 마음을 하나로 모음

• 강릉 (2)(   )   • 페루 태양제

(3)지역 (   )을 활용한 축제

– 지역의 대표 (4)(   )을 맛봄. 즐거운 볼거리가 있음

• 스페인 (5)(   ) 축제

• 독일 맥주 축제   • 프랑스 레몬 축제

(6)(   ) 축제

– 다양한 예술 작품의 (7)(   )과 가치 공유

– 사람들의 (8)(   ) 수준 높임

• 프랑스 칸느 영화제   • 독일 바그너 음악제

• 영국 에든버러 국제 페스티벌

[7-9] 다음 글을 읽고 문제를 풀어 보시오.

나에게는 꿈이 있습니다

여러분! 노예해방선언이 있고 그로부터 백 년이 지난 오늘날, 우리는 흑인들이 여전히 자유롭지 못하다는 사실을 알아야만 합니다.

그래서 우리는 오늘, 이 끔찍한 현실을 알리기 위해 이 자리에 나왔습니다. 모든 인간에게는 생명과 자유와 행복 추구에 대한 빼앗길 수 없는 권리가 보장되어야 한다는 약속을 지켜야만 합니다.

나에게는 꿈이 있습니다. 언젠가 이 나라 사람들이 모두 일어나 진정한 의미의 국가 이념, 즉 모든 인간은 평등하게 태어났다는 진리를 우리 모두가 분명한 진실로 받아들이는 날이 오리라는 꿈입니다.

나에게는 꿈이 있습니다. 과거에 노예로 살았던 부모의 후손과 그 노예의 주인이 낳은 후손이 함께 형제애라는 식탁에 둘러 앉는 날이 언젠가 오리라는 꿈입니다.

나에게는 꿈이 있습니다. 저의 네 자녀가 피부색이 아니라 성품에 따라 평가받는 나라에서 살게 되는 날이 언젠가 오리라는 꿈입니다.

나에게는 꿈이 있습니다. 흑인 소년, 소녀가 백인 소년, 소녀와 서로 손을 맞잡을 수 있는 상황으로 언젠가 바뀌리라는 꿈입니다.

이것이 바로 우리의 희망이고, 이것이 바로 우리가 지녀야 할 신념입니다. 이러한 신념만 있다면 우리는 절망의 산을 깎아 희망의 돌을 만들어 낼 수 있을 것입니다. 여러분! 이 꿈이 이루어질 수 있음을 믿고 나아갑시다.

(마틴 루터 킹의 연설 중)

추론하기 7 이 연설을 통해 짐작할 수 있는 것은 무엇인가?

① 연설자는 사회를 비판적인 시각으로만 보고 있다.

② 흑인들은 모든 면에서 백인과 동등한 권리를 누리고 있다.

③ 흑인을 위한 연설을 하고 있는 연설자는 백인이다.

④ 연설자의 자녀들은 그들의 인격과 능력에 따라 평가받고 있다.

⑤ 흑인들은 흑인이라는 이유만으로 큰 차별과 불평등을 당하고 있다.

8 글에서 쓰인 '꿈'의 사전적 의미로 바른 것을 찾아 O를 표시하시오.

잠자는 동안에 깨어 있을 때와 마찬가지로 여러 가지 사물을 보고 듣는 정신 현상	
실현하고 싶은 희망이나 이상	
실현될 가능성이 아주 적거나 전혀 없는 헛된 기대나 생각	

 9 다음 중 연설에서 느낄 수 있는 분위기로 알맞은 것은 무엇인가?

① 제3자의 시선으로 건조하게 연설하고 있다.
② 연설자의 어조에는 낙담이 가득하다.
③ 연설자는 기쁨과 희망에 가득 차 있다.
④ 백인에 대해 비판적이면서 공격적이다.
⑤ 연설자의 어조는 매우 단호하고 명확하다.

[10-15] 다음 글을 읽고 문제를 풀어 보시오.

나우루 공화국은 우리나라 울릉도 크기의 3분의 1밖에 안 되며 인구는 만 여명이 채 안 되는, 세계에서 가장 작은 나라 가운데 하나이다. 이곳은 2천 년 넘게 외부 세계의 영향을 받지 않고 전통 생활 방식을 지키며 살아가던 평화로운 작은 섬이었으나, 100여년 전 인광석이 발견되면서부터 큰 변화를 맞게 되었다. 조류의 배설물이 굳어져 만들어지는 인광석은 쉽게 구할 수 없는 희귀한 자원인데다 고급 비료의 원료로 쓰였기 때문에, 섬 전체가 인광석으로 덮여 있던 나우루는 자원이 주는 축복을 받은 나라였다.

나우루 공화국은 인광석을 캐어 팔아 손쉽게 세계 최고의 부국으로 성장하였다. 국민들은 특별히 일을 하지 않아도 각종 세금과 교육비, 병원비 등을 나라에서 지원받을 수 있었으며, 초호화 주택에서 살며 고칼로리의 수입 식품을 먹었고, 걸어서 네 시간도 안 되는 섬을 최고급 승용차로 돌아다녔다. 나우루 사람들은 식사 준비나 청소 등 기본적인 일도 하지 않았고 모든 노동은 외국인들이 대신했다고 하니, 나우루 국민들이 얼마나 부유한 삶을 누렸는지 짐작할 수 있을 것이다.

(㉠) 나우루 국민에게도 혹독한 겨울이 찾아왔다. 무한할 줄 알았던 인광석이 30년이 지나 무분별한 채굴로 바닥을 드러낸 것이다. 섬은 인광석을 캐낸 자리로 온통 상처투성이가 된 지 오래였고, 이에 따라 여러 문제가 발생했다.

우선 나우루 국민들은 일을 하거나 스스로 여러 가지 일을 처리하며 생활하는 방법을 잊은 지 오래였고, 정크푸드에만 의존했기 때문에 건강도 악화되어 국민 대부분이 비만이나 당뇨병에 시달리고 있었다. 또한 그동안 파낸 인광석만큼 환경이 파괴되고 섬 높이가 크게 낮아진 탓에, 지구 온난화로 계속해서 수면이 높아지면서 섬 전체가 바다에 잠길 위기에 놓였다.

나우루 공화국의 인광석은 2003년 공식적으로 ㉡고갈되었으며 현재 나우루는 세계 최고의 부국에서 세계 최빈국, 그리고 세계에서 비만율이 제일 높은 나라가 되었다. 만약 나우루인들이 자원이 주는 축복을 누리는 것만이 아니라 자원의 소중함을 알고 지키는 노력을 함께 실천했다면 어땠을까?

· 채굴 땅을 파고 그 속에 묻혀 있는 광물 따위를 캐냄
· 정크푸드 열량은 높고 영양가는 낮은 패스트푸드나 인스턴트 식품
· 최빈국 일인당 국민 소득이 적고 부채가 많은 가난한 나라

10 다음 중 빈칸 ㉠에 들어갈 이어 주는 말로 알맞은 것을 고르시오.

① 그래서 ② 하지만

③ 먼저 ④ 왜냐하면

⑤ 게다가

 11 인광석은 왜 가치가 있었는가?

_____

 12 밑줄 친 ㉡고갈 뜻을 설명하는 부분을 글에서 찾아 쓰시오.

_____

 13 나우루 공화국에 대한 설명으로 바르지 <u>않은</u> 것은 무엇인가?

① 풍부한 인광석을 팔아 나라가 부유해졌다.

② 2천 년 넘게 외부 세계의 영향을 받지 않았다.

③ 희귀한 자원인 인광석으로 섬 전체가 덮여 있었다.

④ 나라 지원에 의존하지 않고 국민들은 열심히 일했다.

⑤ 나우루 공화국의 인광석은 2000년대 초에 다 없어졌다.

이 글을 통해 글쓴이가 말하고자 하는 바는 무엇인가?

① 전통적인 생활 방식을 지키자.

② 규칙적으로 꾸준하게 운동하자.

③ 고칼로리 식품 섭취를 줄이자.

④ 자원을 지속적으로 개발하자.

⑤ 자원을 아끼고 소중히 여기자.

 글을 참조해 〈보기〉의 상황에서 시골 주민들을 효과적으로 말릴 수 있는 정부 입장의 방법을 아래에서 모두 고르시오.

〈보기〉 어느 가난한 작은 시골 마을에 우연히 많은 양의 금이 묻힌 금광이 발견되었다. 가난했던 시골 주민들은 금을 팔아 큰 돈을 벌 수 있다고 기뻐하면서 빨리 금을 채굴하라고 정부에 요구한다.

ㄱ 계획 없이 채굴하면 금방 금이 고갈될 것임을 설명한다.

ㄴ 주민의 요구를 듣지 않고, 금광을 막아 버린다.

ㄷ 금을 채굴하지 않기 위해 주민들에게 금 가치만큼의 돈을 준다.

ㄹ 함부로 금을 파냈을 때 일어날 수 있는 환경 파괴 문제를 설명한다.

ㅁ 금이 고갈되면 예전처럼 다시 가난해질 수 있음 또한 알린다.

무엇을 읽을까

1과 적성과 진로

여러분은 무엇을 할 때 즐거운가요? 또 여러분이 잘하는 일은 무엇인가요? 진로를 정할 때는 우리가 좋아하는 일과 잘하는 일을 함께 고려해야 합니다. 내가 하고 싶은 일을 잘 알고, 나중에 어떤 직업을 가질 것인지 생각해 봅시다.

목표 다음 독해 기술을 이용해 봅시다.

- ☑ **낱말 이해하기**
- ☑ **내용 파악하기**
- ☑ **주제 이해하기**
- ☑ **문단 이해하기**
- ☑ **글의 구성 알기**
- ☑ **요약하기**
- ☑ **추론하기**
- ○ 적용 및 문제 해결하기
- ☑ **감상하기**

교과서 연계
- [4학년 1학기] 사회 3단원 '사회 변화와 문화 다양성'
- [4학년 2학기] 국어 4단원 '이야기 속 세상'
- [5학년] 실과 '진로' 단원
- [5학년 2학기] 국어 7단원 '중요한 내용을 요약해요'
- [6학년 1학기] 국어 6단원 '내용을 추론해요'

나에게 맞는 직업을 찾으려면 내가 무엇을 하고 싶은지를 알아야 할 뿐만 아니라 직업의 주된 업무도 파악하고 있어야 합니다. 아래 내용이 어떤 직업에 관한 설명인지 〈보기〉에서 골라 번호 밑의 빈칸에 기호를 써 봅시다.

1
- 식당이나 호텔 등에서 맛있는 음식을 만든다.
- 끊임없이 연구하여 음식의 맛과 영양을 높이기 위해 노력한다.
- 음식을 보기 좋게 담아 제공한다.

2
- 작품의 배역을 연구하여 알맞은 연기를 펼치기 위해 연습한다.
- 원하는 배역의 오디션을 봐서 배역을 얻는다.
- 드라마나 영화를 찍거나 연극 무대에 선다.

3
- 땅을 고르고 씨를 뿌리며 농작물이 잘 자라도록 돌본다.
- 토양과 기후에 맞는 농작물을 연구하고 찾는다.
- 농작물을 수확하고, 수확한 농작물을 판매한다.
- 가축을 길러서 팔거나 닭이 낳은 달걀을 판매하기도 한다.

4
- 불이 났을 때 재빨리 출동하여 불을 끈다.
- 사람이 있다면 불길 속에도 용감하게 뛰어들어 구조한다.
- 화재 진압뿐 아니라 교통사고나 다른 사고가 났을 때 사람을 구조하기도 한다.

5
- 길 잃은 아이의 부모를 찾아 준다.
- 소매치기나 도둑을 잡는다.
- 도로 위 교통 흐름을 정리한다.
- 신고를 받으면 출동하여 어려운 처지에 있는 사람을 돕거나 위험으로부터 시민들을 보호한다.

6
- 병들고 아픈 동물을 치료한다.
- 동물을 어떻게 보살펴야 하는지 주인에게 조언한다.
- 가축이 걸릴 수 있는 전염병을 예방하고 전염병의 전파를 막는 일을 돕는다.

〈보기〉

㉠경찰　　㉡수의사　　㉢농부　　㉣배우　　㉤요리사　　㉥소방관

나는 사다리 타기부터 시작해 볼까?

01

● 꿈을 이루는 데 어떤 장애물이 있는지 생각해 봅시다.

저의 이름은 빌 포터입니다. 제가 태어났을 때 많은 사람이 저희 부모님에게 축하 대신 위로를 건넸다고 합니다. (㉠) 저는 태어날 때부터 장애를 가지고 태어났

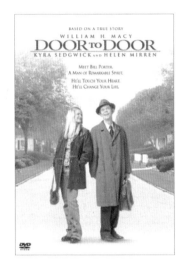

으니까요. 어머니는 제가 힘들어할 때마다 저의 장애를 이렇게 설명했습니다. "빌! 사람들은 너무 쉽게 말하고 행동하기 때문에 빌은 신중하게 말하고 행동할 수 있도록 머리에서 신호를 천천히 보내는 거야!" 어머니는 유일하게 저의 장애를 장점으로 본 분이셨습니다.

어느덧 저는 학교에 들어갈 나이가 되었습니다. 저는 비틀거리는 걸음걸이와 더듬거리는 말투 때문에 매일 아이들의 놀림을 받았고, 친구들은 물론이고 선생님조차 제가 무언가를 스스로 할 수 있다고 생각하지 않았습니다. 어머니는 그런 제게 도움을 받으려 하기보다 스스로 할 수 있는 작은 일부터 찾아서 해 보라고 말씀하셨습니다. 그러다 보니 어느새 제 곁에는 놀이나 공부를 함께하자는 친구들이 늘어났죠.

성인이 된 저는 직업을 구하게 되었어요. 물품 관리, 마트 계산 등 다양한 일에 도전했으나 모두 얼마 되지 않아 그만둘 수밖에 없었어요. 다른 사람에게는 쉬운 일일 수 있지만 제겐 너무 힘든 일이었거든요. 실망한 제게 어머니는 이렇게 말씀하셨습니다. "빌! 비록 장애가 있지만 네가 다른 사람보다 잘할 수 있는 일이 분명 있을 거야!" 저는 장애가 있음에도 제가 잘할 수 있고 좋아하는 일이 무엇인지 찾기 시작했고, 제가 사람들을 돕는 것, 그리고 사람들과 진심으로 이야기 나누는 것을 좋아한다는 것을 깨달았습니다.

저는 사람들에게 필요한 물건을 찾아 소개하는 영업 사원이 되기로 마음을 먹고 마을에서 제일 큰 생활용품회사에 찾아갔습니다. 제가 가진 장애 때문에 채용을 주저하던 담당 직원에게 저는 용기 내어 말했어요. "전 비록 장애를 가지고 태어났지만, 그 누구보다 성실하게, 감사하며 일할 자신이 있습니다. 기회를 주시면 제 말을 증명해 보일게요." 그리고 저는 정식 직원은 아니지만 한 달 동안 일할 기회를 얻었죠.

매일 세 시간의 출근 준비 후에, 여덟 시간 동안 백여 곳의 집을 돌아다니며 고객을 찾아갔습니다. 하지만 그분들을 만날 수 있다는 기쁨에 하나도 힘들지 않았어요. 폭설로 길이 다니기 불편해도 저는 어김없이 고객을 찾아갔고, 수없이 거절당할 때도 웃으면서 다음엔 더 좋은 물건을 가지고 찾아오겠다고 약속하며 발길을 돌렸죠. 고객 한 명 한 명을 저의 사랑하는 가족, 친구처럼 세심하게 챙기니 그분들도 점점 마음을 여는 것을 느낄 수 있었어요.

한 달 뒤에 어떻게 되었냐고요? 진심으로 다가가고자 했던 노력 때문인지 저를 반갑게 맞아주는 집이 많아졌고, 결국 저는 미국 서부 지역 최고의 판매왕 자리까지 올랐지요. 사람들은 저를 '뇌성마비 판매왕 빌 포터'라고 부른답니다.

단어 뜻 보기 채용 사람을 뽑아서 쓰는 것
주저하던 결정하지 못하고 망설이던 웹 주저하다

 1 빈칸 ㉠에 들어갈 알맞은 이어 주는 말을 고르시오.

① 그래서　　　　　　　　② 그렇지만

③ 비록　　　　　　　　　④ 게다가

⑤ 왜냐하면

 2 빌 포터가 꿈을 이루기 위해 했던 노력으로 알맞지 <u>않은</u> 것은 무엇인가?

① 자신이 좋아하고 잘할 수 있는 일을 찾음

② 영업 사원이 되기 위해 담당 직원을 찾아가 설득함

③ 영업 사원이 되어 궂은 날씨에도 매일 고객들을 찾음

④ 거절하는 고객에게도 끝까지 물건을 홍보하여 판매함

⑤ 고객을 가족, 친구와 같이 소중하게 생각하고 실천함

3 다음 중 빌 포터의 성격으로 알맞지 <u>않은</u> 것은 무엇인가?

① 게으르다　　　　　　　② 친절하다

③ 꾸준하다　　　　　　　④ 포기하지 않는다

⑤ 긍정적이다

4 글에 관한 내용으로 바른 것에는 ○, 바르지 <u>않은</u> 것에는 ×를 표시하시오.

(1) 생활용품회사는 빌 포터를 결국 정식 사원으로 고용했다.　　　　　(　　　)

(2) 학교 친구들은 장애가 있는 빌 포터를 처음부터 응원했다.　　　　　(　　　)

(3) 물품 관리는 너무 쉬워서 빌 포터는 영업 사원에 도전했다.　　　　　(　　　)

(4) 빌 포터는 사람들과 교류하는 것을 좋아하지 않았다.　　　　　　　(　　　)

(5) 빌 포터는 미국 서부 지역 판매왕에 오른 적이 있다.　　　　　　　(　　　)

5 빌 포터에게 〈보기〉에 나오는 설리번 선생님과 같은 역할을 한 사람은 누구였는가?

〈보기〉　앞을 보지 못하고 말도 하지 못했던 헬렌 켈러. 그의 스승이었던 설리번 선생님은 사랑과 격려로 48년간 그 옆을 지켰다. 헬렌 켈러의 스승 설리번은 헬렌 켈러에게 이와 같은 말을 전했다고 알려져 있다. "시작하고 실패하는 것을 계속하라. 실패할 때마다 무엇인가를 성취할 것이다."

_____

6 이 글의 주제로 가장 알맞은 것은 무엇인가?

① 장애인 교육의 필요성

② 장애인을 도울 방법

③ 꿈을 다양하게 가져야 하는 이유

④ 꿈을 포기하지 않는 것의 중요성

⑤ 영업 사원이 갖추어야 할 자질

02

● 일상에서 쓰는 물건을 만드는 데 얼마나 많은 사람이 연관되어 있을까요?

라면은 우리나라 사람들이 가장 즐겨 먹는 음식입니다. 이 라면이 완제품의 형태로 우리 소비자에게 오기까지 얼마나 많은 사람의 손을 거쳤는지 생각해 본 적이 있나요?

먼저 라면의 면에 관해 생각해 봅시다. 농부는 일 년 동안 정성껏 밀을 키워 제분 공장에 보냅니다. 제분 공장에서는 밀을 잘게 부숴 요리하기 쉬운 형태로 만들죠. 이때 만들어지는 것이 밀가루예요. 밀가루는 면을 만드는 제면 공장으로 보내지고, 여기서 비로소 우리가 아는 꼬불꼬불한 면의 형태가 만들어집니다. 이곳에는 맛있고 쫄깃쫄깃한 면이 되도록 면의 모양이나 굵기 등을 연구하는 사람들도 함께 있지요.

라면의 맛을 담당하는 수프는 어떨까요? 소금, 간장, 된장, 후추, 다시마 등을 한데 섞어 만드는 가루 수프와 파나 마늘, 버섯, 고춧가루 등을 섞어 만드는 야채 수프를 떠올려 보세요. 수프에 들어가는 재료만 해도 다 세기 힘들 정도입니다. 이런 수프를 만들기 위해 어떤 재료가 들어갈 것인지, 그리고 각 재료의 비율을 어떻게 섞을 것인지 고민하고 연구합니다. 또한 유통기한이 긴 라면의 특성에 맞게 오랫동안 간편하게 보관할 수 있도록 각각의 재료를 가공하는 과정도 거치게 되죠. 면보다 들어가는 재료가 더 다양한 만큼, 수프는 정말 많은 사람의 연구와 노력을 거쳐 완성됩니다.

여기서 끝일까요? '라면' 하면 면과 수프를 떠올리는 사람이 많지만, 면과 수프를 담아 보호하는 라면 포장지도 잊으면 안 돼요. 라면 포장지는 비닐 공장에서 여러 원료를 혼합해 가공한 비닐에서 출발하여, 포장하는 공장을 거쳐 지금의 모습으로 만들어집니다. 포장지는 얼마큼 질기고 튼튼한지가 가장 중요하지만, 포장지의 디자인에도 많은 연구와 노력이 들어갑니다. 포장 디자인을 보고 맛을 상상하거나 관심을 가지고 사는 사람들도 많기 때문이죠.

별것 아닌 것처럼 보이는 라면 한 봉지에도 여러 분야 여러 사람의 노력이 숨겨져 있는 것을 알게 되었나요? 우리 주변에는 라면처럼 보기에는 간단해 보여도 많은 사람의 ㉠손을 거쳐 만들어진 소중한 물건이 가득합니다. 설령 내가 드러나지 않아서 사람들의 칭찬과 관심을 받지는 못한다고 해도 사람들에게 도움이 되는 제품을 만들어내는 데 보탬이 된다면 보람 있고 멋진 일이 아닐까요?

단어 뜻 보기

완제품 재료를 기준과 조건에 맞게 만들어 최종 제조 과정을 마친 제품
제분 쌀이나 밀가루 등 곡식을 빻아 가루로 만든 것
제면 밀가루로 국수를 만듦
한데 한곳
가공한 여러 재료를 인공적으로 처리하여 새로운 제품을 만든 ⑧ 가공하다

---

1 이 글의 제목으로 가장 어울리는 것은 무엇인가?

① 다양한 라면의 종류

② 라면 맛의 비밀 찾기

③ 라면에 관련된 다양한 직업

④ 라면을 만드는 과정 알기

⑤ 한국 라면의 역사

2 문맥상 밑줄 친 ㉠손 대신 쓸 수 있는 말을 고르시오.

① 가치　　　　② 노력　　　　③ 대가

④ 범위　　　　⑤ 목적

3 다음 중 글의 내용으로 바르지 <u>않은</u> 설명은 무엇인가?

① 라면의 면은 밀을 재료로 만든다.

② 라면 수프에 들어가는 재료의 비율은 종류별로 다양하다.

③ 라면 수프는 오래 보관할 수 있도록 가공하는 과정을 거친다.

④ 라면 포장지는 튼튼함보다는 사람의 시선을 끄는 디자인이 중요하다.

⑤ 우리 주변의 물건들은 많은 사람의 연구와 수고로 만들어진다.

내용 파악하기 4 아래 상자에 있는 직업의 기호를 분류하여 알맞은 칸에 쓰시오.

㉠ 밀을 재배하는 농부　　㉡ 비닐 세조업자　　㉢ 포장지 디자이너

㉣ 수프 연구원　　㉤ 제분 공장 직원　　㉥ 채소 가공업자

라면과 관련된 다양한 직업 세계		
면과 관련된 직업	수프와 관련된 직업	포장과 관련된 직업

03

● 자기 꿈을 이루기 위해 어떤 노력을 하고 있나요?

아프리카 풍차 소년의 작은 꿈

세계적인 유명 인사들의 강연으로 유명한 테드(TED) 강연에 한 소년이 초청되었다. 전기가 들어오지 않는 아프리카 말라위 출신의 19살 윌리엄 캄쾀바였다.

어릴 때부터 호기심이 많았던 그는 과학자가 되는 것이 꿈이었다. 하지만 그가 사는 말라위는 사람들이 대부분 가난과 기아, 전염병에 시달리며 어렵게 살고 있는 곳이었고, 윌리엄 역시 예외는 아니었다. 결국 그는 14살이 되었을 때 학비가 없어 다니던 학교를 그만두고 아버지를 따라 농장 일에 전념해야 했다. 하지만 윌리엄은 자신의 꿈을 포기한 채 ㉠주어진 현실에 주저앉고 싶지 않았다. 그는 원하는 일을 할 수 있는 방법을 찾아보기로 결심했다.

비록 그는 학교에 다닐 수 없었지만 마을 도서관에서 항상 과학책을 빌려 공부했다. 그러던 중 〈에너지의 이용〉이라는 책 표지에서 풍차 사진과 이러한 글귀를 보게 된다.

㉡"에너지는 언제나 우리 주위에 있다. 그것은 다른 형태로 바뀌어야 유용한 것이 될 수 있다."

윌리엄은 전기로 무한히 바꿀 수 있는 말라위의 바람을 떠올렸고, 그때부터 말라위의 모든 집이 바람으로 돌리는 기계를 하나씩 가지고 있는 모습을 상상하였다. 풍차를 만들기 위해 온종일 쓰레기장을 헤매며 재료를 찾으러 다닌 지 두 달이 지나, 그는 고장 난 자전거, 바퀴, 체인, 전선, 날개 등 버려진 것들을 모아 풍차를 만드는 데 성공하였다. 아무도 그가 꿈을 이룰 수 있을 거라 믿지 않았지만, 그날 밤 그는 마을 사람들에게 처음으로 전깃불을 선물하였고, 그의 꿈이 불가능한 일이 아니라는 것을 사람들 앞에서 분명히 보여 주었다.

테드 강연에서 진행자가 그에게 물었다. "당신의 성공 비결은 무엇입니까?"

그는 뭐라고 답했을까? "나는 포기하지 않고 나의 꿈을 위해 노력하고 또 노력했어요." 현재 윌리엄은 원하던 대학에 장학생으로 뽑혀 과학자의 꿈을 이루기 위한 공부를 이어 나가고 있다.

단어 뜻 보기

테드(TED) 기술, 디자인, 과학, 국제 이슈 등 다양한 분야의 '알릴 가치가 있는 아이디어'에 관해 나누는 강연회
기아 굶주림. 먹을 것이 없어 배를 곯는 것
전념 한 가지 일에 온 신경과 힘을 쏟는 것

★★★
내용
파악하기 **1** 밑줄 친 ㉠주어진 현실이 의미하는 바를 글에서 찾아 쓰시오.

_____

_____

★★
내용
파악하기 **2** 밑줄 친 ㉡에서 아이디어를 얻어 윌리엄 캄쾀바가 한 일에 관한 설명을 완성하시오.

☐☐ 으로 돌리는 ☐☐ 를 만들어 ☐☐ 를
생산해냈다.

★★★
내용
파악하기 **3** 다음 중 윌리엄 캄쾀바에 관한 설명으로 바른 것은 무엇인가?

① 그의 꿈은 농업 기술자가 되는 것이었다.

② 아버지는 그를 계속 학교에 보내 공부를 하게 했다.

③ 그는 어려운 환경에서도 공부하기 위해 노력했다.

④ 마을 사람들은 그와 함께 풍차 만드는 것을 도왔다.

⑤ 그는 대학에서 쓰레기를 효과적으로 재활용하는 방법을 공부 중이다.

★★★
글의
구성 알기 **4** 이 글은 어떤 방식으로 쓰였는가?

① 주인공과 마을 사람들의 모습을 비교했다.

② 시간의 흐름에 따른 순차적 구성을 취했다.

③ 주인공이 학교를 그만둔 원인에 집중하여 글을 썼다.

④ 주인공이 만든 여러 기계를 나열했다.

⑤ 어린 시절의 주인공과 어른이 된 이후의 차이점을 설명했다.

5 윌리엄 캄쾀바에게 일어난 일의 순서에 맞게 아래 상자의 기호를 빈칸에 쓰시오.

㉠ 과학자가 되는 꿈을 품음

㉡ 테드 강연에 출연하여 자신의 이야기를 사람들에게 들려줌

㉢ 〈에너지의 이용〉이라는 책을 읽고 말라위에 풍차를 만들기로 함

㉣ 버려진 재료들을 모아 풍차를 만들어 전기를 생산함

㉤ 학교를 그만두고 아버지의 농장 일을 도움

(㉠ →   →   →   →   )

6 이 글을 통해 배울 수 있는 교훈을 <u>모두</u> 고르시오.

① 꿈을 포기하지 말고 꾸준히 노력하자.

② 자기 상황과 능력에 맞는 꿈만 꾸자.

③ 꿈을 이루기 위해 내가 좋아하는 것을 포기하자.

④ 꿈을 이루는 데 도움을 줄 수 있는 사람들을 찾아보자.

⑤ 주어진 환경 속에서 꿈을 이룰 수 있는 방법을 찾아보자.

04

● 미래 사회에 새롭게 생겨날 직업에는 어떤 것이 있을까요?

〈가〉 앞으로 다가 올 미래 사회 모습은 어떨지 생각해 본 적 있나요? 과학 기술이 빠르게 발달하여 삶의 모습이 달라지고 사람들의 의식이 ㉠그에 맞춰 변하면서, 미래 사회에서 각광받을 직업도 바뀌고 있습니다. 미래에 ㉡유망한 직업은 무엇일지 간단히 살펴봅시다.

〈나〉 첫째, 미래 사회에는 노인과 관련된 직업이 많이 생겨날 거예요. 미래 사회는 저출산과 노인 인구의 증가로 고령화 사회가 되어 있을 거예요. ㉢그에 따라 노인을 대상으로 하는 직업이 많아질 것으로 예상해요. 예를 들면, 건강을 비롯한 개인적인 문제를 겪고 있는 노인들을 전문적으로 상담해 주는 노인 말벗 도우미나 노인 전문 상담가 등을 생각해 볼 수 있지요.

〈다〉 둘째, 미래 사회에는 지금보다 반려동물과 관련된 직업이 더 많이 생겨날 거예요. (㉣) 이제 동물을 경제적인 이유로 이용하기보다는 가족처럼 함께 살아가는 동물로 생각하는 사람이 많아지고 있거든요. 반려동물의 행동을 보고 심리 상태나 건강을 점검하는 반려동물 행동 전문 상담가, 반려동물의 장례를 도와주는 반려동물 장의사, 반려동물의 사진만 전문적으로 찍는 반려동물 사진작가, 반려동물의 교육을 체계적으로 담당하는 반려동물 유치원부터 반려동물에 대해 배우는 대학교까지, 여러 전문 기관이 세워질 날이 머지않았답니다.

〈라〉 셋째, 과학 기술의 발달에 따라 미래 사회에는 우리가 생각하지 못하는 직업이 생겨날 거예요. 의료 기술 분야를 생각해 볼까요? 생명공학이나 유전자 기술이 지금보다 발달해, 직접 사람의 장기를 이식하지 않고도 인공 심장과 같은 인공 장기를 만들어 수술을 할 수 있어요. 인공 장기를 만드는 '조직 공학자'나 사람의 유전자를 분석해서 각자의 특성에 맞게 병을 예방하고 치료하는 '유전자 프로그래머' 같은 직업을 생각해 볼 수 있겠죠?

〈마〉 또한 미래에는 우주여행과 관련한 직업이 많이 생길 거예요. 많은 사람이 우주 관광 여행사를 찾아가 여행 상품을 찾아보고 가족 또는 친구들과 함께 우주여행을 하는 것이 전혀 낯선 경험이 아닐 거예요. 여러분의 즐거운 우주여행을 도와주는 항공우주 승무원부터 우주선이 서로 부딪치지 않도록 길을 알려주는 우주 관제사, 우주선을 전문적으로 만들고 수리하는 우주선 정비사와 같은 직업을 상상해 보세요.

〈바〉 지금 우리 주변에서 흔히 찾아볼 수 있는 직업인 의사, 변호사, 회계사와 같은 직업은 미래에 사라지거나 또 다른 모습으로 바뀌어 있을 수 있어요. 우리 주변의 직업이 미래에 어떤 모습일지 생각해 보세요. 그것만으로도 재미있는 직업 세계 탐험이 될 거예요!

주제 이해하기 1 다음 중 이 글에서 주로 이야기하고 있는 것은 무엇인가?

① 직업이 변하는 과정

② 직업 선택의 중요성

③ 다양한 직업의 종류

④ 미래 사회에 인기 있을 직업

⑤ 기술 발달과 직업의 관계

낱말 이해하기 2 문맥상 밑줄 친 ⓒ유망한 대신 쓸 수 있는 말은 무엇인가?

① 어려울   ② 인기를 끌

③ 발달할   ④ 변할

⑤ 도움이 될

내용 파악하기 3 밑줄 친 ㉠그와 ㉡그가 각각 무엇을 가리키는지 글에서 찾아 쓰시오.

㉠ :

㉡ :

내용 파악하기 ★★★ ④ 빈칸 ㉣에 들어갈 알맞은 이어 주는 말은 무엇인가?

① 그래서

② 비록

③ 그러나

④ 왜냐하면

⑤ 또한

내용 파악하기 ★★★ ⑤ 글을 읽고 바른 설명에는 ○, 바르지 <u>않은</u> 설명에는 ✕를 표시하시오.

(1) 미래 사회에서 각광받을 직업은 현재와는 크게 다를 수 있다.　　　(　　)

(2) 미래 사회에는 노인을 위한 서비스를 제공하는 직업이 많아질 것이다.　(　　)

(3) 현재의 직업 중 미래에 없어지는 직업은 없을 것이다.　　　　(　　)

(4) 미래에는 반려동물 돌봄과 관련한 직업의 종류는 점점 줄 것이다.　(　　)

(5) 과학 기술의 발달에 따른 변화가 미래의 직업에 큰 영향을 미친다.　(　　)

문단 이해하기 ★★★ ⑥ 〈나〉~〈마〉문단의 중심 내용(요지)을 글에서 찾아 쓰시오.

〈나〉

_____

_____

〈다〉

_____

〈라〉

_____

〈마〉

_____

7 다음 중 이 글의 구성 방식에 관한 설명으로 알맞은 것은 무엇인가?

① 미래 직업 세계에 관한 원인 파악 위주로 쓴 글이다.

② 현재 직업과 미래 직업을 비교하여 공통점을 쓴 글이다.

③ 미래의 직업이 어떻게 변화되어 갈지 순서를 쓴 글이다.

④ 미래의 직업을 분류하고 각각의 차이를 대조하여 쓴 글이다.

⑤ 미래에 각광받을 직업의 종류를 나열하여 쓴 글이다.

 8 아래 빈칸을 알맞은 말로 채워 글을 요약하시오.

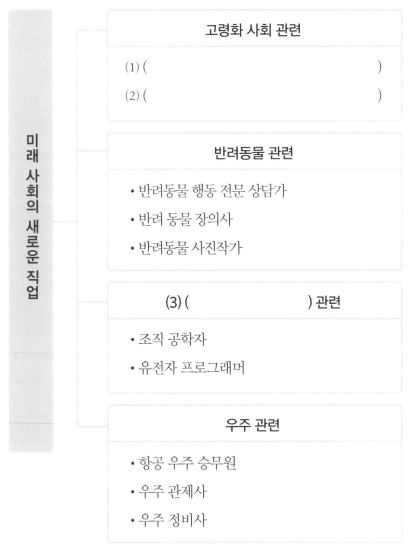

미래 사회의 새로운 직업

고령화 사회 관련

(1) ( )
(2) ( )

반려동물 관련

- 반려동물 행동 전문 상담가
- 반려 동물 장의사
- 반려동물 사진작가

(3) ( ) 관련

- 조직 공학자
- 유전자 프로그래머

우주 관련

- 항공 우주 승무원
- 우주 관제사
- 우주 정비사

● 현재의 직업과 옛날 직업 사이의 공통점과 차이점을 생각해 봅시다.

안녕? 나는 조선 최고 인기 광대 달문이라고 해. 내 인기가 어느 정도인지 궁금하니? 궁금하면 조선 광대 달문이에 관해 검색해 봐도 좋아. 마을에 달문이가 왔다는 이야기가 들리면 울던 갓난아이도 울음을 멈추고, 조용했던 마을이 사람들 웃음소리로 한바탕 시끌벅적해질 정도였으니까! 나는 오늘 너희에게 내 직업인 광대를 소개하려 해.

우리는 광대라오~

〈가〉 광대는 오늘날의 연예인이라고 할 수 있어. 조선 시대에도 연예인이란 직업이 있었다는 것이 신기하지 않니? 우리는 타고난 끼와 재능을 뽐내며 다양한 공연을 해서 사람들에게 즐거움과 감동을 전하였단다. 그 당시는 지금처럼 방송국이나 전문 공연장이 없었기 때문에 우리가 직접 전국 팔도를 유랑하며 사람들이 모일 수 있는 곳이라면 어디든 놀이판을 열었어. 다양한 장기를 가진 광대 친구 여럿이 함께 다니며 탈춤, 줄타기, 판소리 등의 공연을 했지. 재주를 넘고 춤을 추는 외중에도 쉴 새 없이 재담을 늘어놓고 표정을 자유자재로 바꿔 가며 노는 우리를 보며 사람들은 놀라기도 하고 즐거워하기도 했어. 사람들 앞에서 다양한 볼거리를 제공한다는 점에서는 오늘날의 연예인들과 퍽 비슷하지?

〈나〉 하지만 실제로 우리는 사람들에게 재미있는 놀이와 공연을 보여 주는 것 이상의 역할도 했단다. 우리 중에서 뛰어난 광대들은 다른 나라 행사에 초청되어 우리나라의 우수한 문화를 알리는 문화 외교관의 역할도 담당했었다는 것을 혹시 알고 있었니?

〈다〉 더구나 조선은 신분제 사회였기 때문에 양반들의 힘이 셌어. 서민을 괴롭히는 양반이 많았지만 어쩔 수 없이 참고 지내야 했지. 그래서 우리는 서민을 대신해서 탈을 쓰고 나쁜 양반들의 모습을 우습게 흉내 내거나 양반을 골려 주는 서민의 역할을 맡아 공연하면서 서민들의 막힌 속을 뚫어 주고 양반들의 잘못을 세상에 알렸단다.

〈라〉 이것뿐만이 아니야! 을묘왜변이라는 사건이 있었을 당시, 왜구의 공격으로 위험한 상황에서 우리는 알록달록 색깔 옷을 입고 온갖 재주를 부리며 왜구의 관심을 돌렸어. 덕분에 우리 군대는 왜구 104명을 물리칠 수 있었지. 그야말로 우리 광대들은 전문 예술인인 동시에 문화 외교관, 사회 비평가, 나라의 든든한 군인으로서의 역할까지 했어.

〈마〉 이 정도라면 광대가 큰 인기를 얻고 재산을 많이 모을 수 있었을 것이라고 생각하겠지? 아쉽지만 신분제 사회였던 조선에서 우리는 제일 낮은 천민의 신분이었어. 당시 우리 같은 천민은 출생과 사망은 물론, 지역을 이동할 때도 나라의 관리를 받아야만 했고, 이러한 신분은 자손에게 세습되었어. 천민의 자식은 계속 천민이었지. 벼슬을 얻어 나라의 관리가 되는 과거 시험을 볼 자격은 당연히 주어지지 않았어. 더구나 토지와 같은 개인 재산을 가지는 것도 허락되지 않았어. 우리는 함께 모여 마을을 이루어 살았는데, 공연을 통해 얻은 수입은 함께 나누어 썼어. 하지만 늘 빠듯하여 공연이 없을 때는 농사일이나 다른 곳의 허드렛일을 하면서 간신히 생계를 유지했지. 요즘 많은 청소년이 연예인을 장래 희망 1순위로 꼽는 것을 보면 내 이야기가 믿기지 않을 거야!

하지만 난 내가 비록 가장 낮은 신분이라고 해도 우리의 다양한 놀이 문화가 좋고, 우리가 많은 사람에게 준 즐거움과 위로는 오늘날 어느 연예인과 견주어도 뒤지지 않으리라 생각해.

팔도 조선 시대 한반도를 나눈 여덟 개의 행정 구역. '강원도, 경기도, 경상도, 전라도, 충청도, 평안도, 함경도, 황해도'를 뜻함

유랑하며 일정하게 정해진 거처가 없이 떠돌아다니며 ⑩ 유랑하다

와중 어떤 일이나 사건이 벌어지는 중에

재담 익살과 재치를 부리며 재미있게 이야기함, 또는 그런 말

을묘왜변 1555년 전라남도 지역에 왜구가 침입해 약탈과 살인을 벌인 사건

빠듯하여 어떤 정도에 겨우 미치는 ⑩ 빠듯하다

허드렛일 여러 가지 잡일

★★
내용 파악하기 **1** 이 글을 읽고 알 수 있는 사실을 <u>모두</u> 고르시오.

① 조선 시대 광대의 역할
② 조선 시대 광대의 일과
③ 조선 시대 광대의 훈련 과정
④ 조선 시대 광대의 사회적 지위
⑤ 조선 시대 광대의 마을 위치

2 조선 시대 광대와 오늘날 연예인의 공통점과 차이점을 <u>한 가지씩</u> 찾아 쓰시오.

공통점	
차이점	

3 조선 시대 광대에 관한 설명에 해당하는 것을 아래 상자에서 골라 기호를 쓰시오.

ㄱ 전문 예술인   ㄴ 문화 외교관
ㄷ 사회 비평가   ㄹ 군인

(1) 전국을 다니며 다양한 공연을 선보였다.   ＿＿＿＿＿

(2) 전쟁 시 나라를 지키기 위해 나가 싸웠다.   ＿＿＿＿＿

(3) 서민을 괴롭히는 양반의 잘못을 널리 알렸다.   ＿＿＿＿＿

(4) 다른 나라 행사에 초청되어 우리의 우수한 문화를 알렸다.   ＿＿＿＿＿

4 조선 시대 광대에 관한 내용 중 바르지 <u>않은</u> 것은 무엇인가?

① 천민 신분이 자손에게 그대로 내려감

② 토지 등의 개인 재산을 소유했음

③ 공연을 통해 얻은 수입을 나눠 씀

④ 출생, 사망, 지역 이동 시 나라의 관리를 받음

⑤ 과거 시험을 볼 수 있는 자격이 주어지지 않음

5 〈보기〉의 내용을 글에 넣으려고 할 때 〈가〉~〈마〉 중 가장 관련이 깊은 문단을 고르시오.

〈보기〉 조선의 광대 중 뛰어난 광대들은 더 많은 역할을 맡았어. 일부는 국가에서 특별한 교육을 받기도 했지. 궁중 축제, 과거 급제 축하연 등 나라의 중요한 행사를 위해 나라에서는 뛰어난 광대들을 선별하여 교육했던 거야.

① 〈가〉   ② 〈나〉   ③ 〈다〉
④ 〈라〉   ⑤ 〈마〉

6 아래 주어진 뜻에 해당하는 낱말을 글에서 찾아 쓰시오.

[뜻] 신분이나 재산 등을 자손 대대로 물려받는 것

_____

7 다음 중 '달문이'에 관해 짐작할 수 있는 것은 무엇인가?

① 조선 시대 신분 제도에 대해 분노하고 있다.
② 광대라는 직업에 대해 자부심을 느끼고 있다.
③ 광대를 전쟁터에 내보낸 관리들에 대해 비판적이다.
④ 전국을 유랑하며 공연해야 하는 것에 대해 불만스러워한다.
⑤ 판소리 등 여러 공연 기술을 배워야 하는 것에 대해 어려워한다.

8 다음 중 글이 전개된 방식을 알맞게 설명한 것은 무엇인가?

① 달문이가 광대가 된 원인을 설명하였다.

② 조선 시대 광대와 현재 연예인을 집중적으로 비교하였다.

③ 조선 시대 천민이 가질 수 있었던 직업을 분류하였다.

④ 시간 순서에 따라 달문이의 역할 변화를 설명하였다.

⑤ 조선 시대 광대의 역할을 예시를 들어 나열하였다.

 9 이 글을 읽고 난 감상으로 적절하지 <u>않은</u> 것은 무엇인가?

① 도운: 조선 시대 광대가 오늘날 연예인이란 직업과 닮았다는 점이 신기했어.

② 진아: 조선 시대는 신분 사회였기 때문에 신분에 따라 할 수 있는 일이 달랐구나.

③ 재성: 조선 시대에 있었던 여러 전쟁을 한눈에 살펴볼 수 있어서 좋았어.

④ 도희: 조선 시대 천민들의 직업을 더 알아보고 오늘날과 비교해 보는 것도 좋을 것 같아.

⑤ 세정: 조선 시대 광대는 신분은 낮았지만 아무나 흉내 낼 수 없는 전문 직업인이었다고 생각해.

2과 사회와 생활

우리는 많은 사람과 함께 생활하며 사회를 이루고 있습니다. 그 속에서 살아가는 다양한 삶의 모습, 발생하는 여러 문제 등 내가 미처 몰랐던 우리 주변의 이야기를 들어 보세요.

목표 다음 독해 기술을 이용해 봅시다.

- ☑ **낱말 이해하기**
- ☑ **내용 파악하기**
- ☑ **주제 이해하기**
- ☑ **문단 이해하기**
- ☑ **글의 구성 알기**
- ☑ **요약하기**
- ☑ **추론하기**
- ☑ **적용 및 문제 해결하기**
- ☑ **감상하기**

교과서 연계
- [4학년] 도덕 4단원 '힘과 마음을 모아서'
- [4학년] 도덕 6단원 '함께 꿈꾸는 무지개 세상'
- [4학년 1학기] 사회 3단원 '지역의 공공 기관과 주민 참여'
- [5학년 2학기] 국어 7단원 '중요한 내용을 요약해요'

우리 사회에서는 여러 문제가 발생하고 있습니다. 아래 상황을 보고, 각 상황에서 가져야 할 바람직한 생각과 태도가 무엇일지 골라 봅시다.

상황1. 동물 실험으로 많은 동물이 고통을 받고 있다는 기사를 읽었을 때

(ㄱ) 동물이 아프다는 느낌을 정말 받을까? 동물이 사람처럼 고통을 느낀다는 것은 사람들의 착각일 수 있어. 사람에게 필요하다면 동물 실험은 계속해야 한다고 생각해.

(ㄴ) 사람에게 필요한 약을 개발해야 한다고 해서 저렇게 동물을 고통스럽게 할 권리가 사람에게 있을까? 저들도 소중한 생명인데.

상황2. 세계 여러 지역의 어린이들이 학교에 가지 못하고 돈을 벌기 위해 일을 하러 다닌다는 뉴스를 들었을 때

(ㄱ) 어린이들은 자기 꿈을 이루고 더 나은 삶을 살기 위해 교육받을 권리가 있는데, 그럴 수 없는 상황에 있는 아이들이 많다는 사실이 안타까워. 내가 도울 수 있는 일이 없을까?

(ㄴ) 모든 사람이 행복할 수는 없어. 저 아이들이 불쌍하기는 하지만 돈을 벌어야 한다면 어쩔 수 없지. 저 아이들은 자기 생활에 만족할 줄 알아야 해.

상황3. 동네에 쓰레기 처리장이 설립되는 계획을 주민 모두가 반대할 때

(ㄱ) 쓰레기 처리장이 생기면 동네에 불쾌한 냄새가 떠나질 않을 거야. 그럼 난 이 동네에서 사는 게 부끄럽게 느껴질 거야. 아무리 많은 돈을 준다고 해도 절대로 안 돼!

(ㄴ) 우리 동네에 쓰레기 처리장이 들어오는 건 싫어. 하지만 모두에게 필요한 공공시설이고 어딘가에는 세워져야 해. 우리집 쓰레기도 거기서 처리될 거라고 생각하면 양보할 수도 있지 않을까?

새로운 과를 시작하자!

01

● 가족을 떠올려 보고, 가족의 의미를 정의해 봅시다.

'혼인이나 혈연으로 맺어진 집단, 또는 그 구성원과의 관계'를 우리는 가족이라고 합니다. 우리는 '가족' 하면 부모와 자녀를 떠올리지만, 오늘날 우리 사회에는 이 외에도 다양한 가족의 모습이 있지요. 이렇게 다양해진 가족의 모습을 만나 볼까요?

가족이라~

재혼 가족: 우리집은 부모님이 재혼해서 이루어진 가족이에요. 아버지께서 재혼하셔서 우리집은 저희를 아버지만큼이나 사랑해 주시는 어머니와 든든한 오빠가 생겼지요. 처음에는 어색했지만, 식구가 많아지니 허전했던 우리집에도 이제는 웃음소리가 끊이지 않아요.

다문화 가족: 우리 어머니는 중국인이에요. 중국에서 태어나 자라셨는데 우리나라에 공부하러 와서 아버지를 만나셨다고 해요. 처음에는 친구들에게 어머니가 중국인이라는 것을 숨겼지만, 이제는 자신 있게 소개해요. 저랑 친구들은 어머니 덕분에 중국의 음식이나 말, 생활 모습에 대해 많이 알게 되었거든요.

조손 가족: 저랑 제 동생은 할머니, 할아버지와 함께 지내요. 할머니, 할아버지께서는 외국에서 일하시는 부모님 대신 저희를 돌보아 주시죠. 저희를 챙기느라 힘드실 텐데도 힘든 내색 한 번 없으신 저희 할머니, 할아버지는 저희의 든든한 보호자이자 소중한 가족이에요. 특히 할머니, 할아버지께서 들려주시는 옛날이야기는 어디서도 들을 수 없죠.

노인 가족: 우리집은 자녀들이 모두 성장해서 가정을 꾸려 독립하고 이제는 아내와 저 둘이 지내고 있습니다. 가끔은 집이 허전한 것 같기도 하지만 아내와 단둘이 여가를 즐기며 한가로이 보내는 시간이 좋아요.

입양 가족: 저는 세 살 때 입양되어 지금 부모님을 만났어요. 저희 부모님과 누나는 제가 입양되었을 때 새로운 가족이 생겨서 무척 기뻤다고 하세요. 저를 낳아 주신 부모님은 아니시지만, 누구보다 저를 사랑으로 키워 주신 부모님을 저는 존경하고 사랑해요.

이렇게 가족의 모습은 다양하게 변하고 있어요. 꼭 ㉠혼인이나 혈연으로 맺어지지 않아도 다양한 형태의 가족이 있을 수 있다는 것을 알고 이러한 다양함을 존중하는 마음가짐이 필요해요.

1 다음 중 이 글을 통해 핵심적으로 알게 되는 정보는 무엇인가?

① 가족의 정의　　　　　② 가족의 기능

③ 가족의 종류　　　　　④ 가족의 가치

⑤ 가족의 위기

 2 다음 중 밑줄 친 ㉠에 해당하는 것은 무엇인가?

① 재혼 가족　　　　　② 조손 가족

③ 입양 가족　　　　　④ 다문화 가족

⑤ 노인 부부 가족

 3 글에서 알맞은 말을 찾아, 현대 사회의 가정을 바라보는 올바른 마음가짐에 관한 문장을 완성하시오.

다양한 모습의 가족을 □□ 하는 마음이 필요하다.

 4 다음 중 글의 주제에 가장 적절한 광고 문구를 고르시오.

① 부모님께 "사랑합니다"라고 고백해 보세요. 효도는 말에서부터 시작됩니다.

② 가족이 건강해야 우리 사회가 건강합니다. 건강한 가족을 만들어 갑시다.

③ 당신의 날카로운 말 한마디! 사랑하는 가족에게 지울 수 없는 상처가 됩니다.

④ 가족 간의 대화가 사라지고 있습니다. 하던 일을 잠시 멈춰 보세요. 가족이 보입니다.

⑤ 누구와 함께 사는가는 서로 다를 수 있어요. 하지만 가족끼리 서로 사랑하는 마음은 다르지 않아요.

02

● 이웃 간, 친구 간에 도움을 주고받은 경험이 있나요?

돈을 거래하지 않는 은행이 있다면 믿을 수 있는가? 실제로 돈도 이자도 없는 독특한 은행이 있다. 시간 은행이란 곳에서는 돈 대신 시간을 거래하는데, 도움이 필요한 사람에게 봉사한 시간을 저축하고 나중에 도움이 필요할 때 저축한 시간만큼 사용할 수 있도록 도와주는 것이다. 바느질로 저축한 한 시간을 컴퓨터를 수리받는 데 사용하거나 이웃의 아이를 돌봐주고 저축한 한 시간을 집수리 받는 데 사용하는 것이 그 예이다.

시간 은행 안에서는 꼭 지켜야 할 몇 가지 원칙이 있다. 우선 이곳에서는 나이 또는 직업, 피부색, 하는 일의 어려움과 상관없이 모두의 한 시간을 똑같이 계산한다. ㉠또한 일방적으로 도움을 주거나 도움받는 것을 제한한다. ㉡왜냐하면 누군가를 돕는 경험이나 도움을 받는 경험은 모두 소중한 것이기 때문이다. 특이한 점은 시간 은행을 이용하는 사람들은 자신이 도움을 받는 것보다 주는 것에 더 큰 기쁨과 보람을 얻고 공동체로서의 소속감을 느낀다고 한다.

혹시 지금 '우리나라에도 시간 은행이 있었으면 좋겠어'라고 생각하고 있는가? ㉢하지만 우리나라에도 옛날부터 이어져 내려온 시간 은행이 있었다. 바로 '품앗이'와 '두레'라는 풍습이 그것이다. 옛날부터 전통적으로 농사를 지었던 우리 조상들은 모내기와 김매기, 추수처럼 짧은 시간에 많은 일손이 필요할 때가 많았다. ㉣그래서 그때마다 마을 단위로 예닐곱 명씩 모여 두레를 만든 뒤, 공동으로 필요한 일을 함께 하거나 개개인이 힘든 일을 서로 거들어 주는 품앗이로 노동을 교환했다. 꼭 농사일이 아니어도 이웃에 큰 행사가 있을 때나 집안에 어려운 일이 있을 때도 서로 도왔다고 하니, 서로 도움이 필요할 때 대가 없이 도움을 주고받는다는 점에서 시간 은행과 크게 다르지 않다.

㉤그리고 오늘날은 두레나 품앗이가 사라진 지 오래이다. 이웃에 누가 사는지, 어떤 일을 하는지조차 모른 채 살면서, 다른 사람을 돕는 것뿐만 아니라 다른 사람에게 도움을 받는 것도 어색해하는 모습이다. 하지만 두레와 품앗이를 통해 공동체를 튼튼히 유지해 나갔던 우리 조상들은 우리에게 이렇게 말할 것이다.

> ㉮

단어 뜻 보기 품앗이 마을 공동체에서 일할 때 서로 도움을 주고받는 일. '품'은 일을 하는 데 드는 수고를 뜻함
일손 일하는 사람

1 밑줄 친 ㉠~㉤ 중 문맥상 알맞지 <u>않은</u> 것은 무엇인가?

① ㉠   ② ㉡   ③ ㉢   ④ ㉣   ⑤ ㉤

 2 시간 은행, 두레, 품앗이의 공통점을 글에서 찾아 쓰시오.

_____

 3 다음 중 시간 은행에 대한 설명으로 바르지 <u>않은</u> 것은 무엇인가?

① 돈 대신 시간을 거래하고, 이자가 없다.

② 봉사한 시간을 저축해 도움이 필요할 때 사용할 수 있다.

③ 나이, 직업, 피부색과 상관없이 한 시간을 똑같이 계산한다.

④ 도움을 주거나 도움을 받는 것 중 하나만 택할 수 있다.

⑤ 시간 은행을 이용하는 사람들은 도움을 줄 때 더 큰 기쁨을 느낀다.

4 다음 중 빈칸 ㉮에 이어질 말로 가장 적절한 것은 무엇일까?

① 이웃을 탓하기보다 나를 먼저 돌아봅시다.

② 요즘은 이웃사촌 문화가 되살아나고 있습니다.

③ 이웃 간의 도움은 돈으로 가치를 매길 수 없을 만큼 큽니다.

④ 이웃과 생활할 때 지켜야 할 예절을 배우고 실천합시다.

⑤ 이웃에 대한 지나친 관심은 이웃을 불편하게 할 수 있습니다.

03

● 동물의 입장에서 동물 실험에 관해 생각해 본 적이 있나요?

〈가〉 안녕! 내 이름은 가온이에요. 5년 만에 세상 밖으로 나와 처음 땅을 밟아 본 실험용 비글이죠. 나는 태어나자마자 차가운 실험실로 옮겨졌답니다.

〈나〉 ㉠난 갓 태어났을 때부터 사람들이 주는 약을 먹고 주사를 맞았어요. 처음에는 내가 아파서 약을 먹고 주사를 맞는 거라고 생각했지요. 하지만 곧 나와 다른 비글 친구들이 아파서 주사를 맞는 것이 아니라, 신약을 사람에게 써도 안전한지 알기 위해 우리에게 대신 실험하는 것이라는 사실을 깨달았어요. 많은 사람에게 도움을 줄 수 있다는 것은 좋았지만 실험에 참여할 때마다 아프고 고통스러운 건 정말 견디기 힘들었어요. 너무 아파서 눈물이 나기도 하고, 실험실 사람들에게 제발 멈춰 달라고 소리를 지르기도 했답니다. (㉡) 야속하게도 그럴 때마다 사람들은 우리의 고통을 줄여 주었던 것이 아니라 어떤 고통을 얼마만큼 느끼는지 계속 조사했죠.

〈다〉 비록 실험용 비글이었지만 내게도 소중한 친구가 있었어요. 하늘이는 같은 날 실험실에 들어와 누구보다 서로 의지했던 나의 가장 소중한 친구였어요.

㉢그런데 어느 날 하늘이가 실험을 마치고 나올 때가 되었는데 돌아오지 않는 거예요. 우리는 항상 실험을 마친 후 검사를 받는데, 하늘이만 평소와 다른 곳으로 보내졌다는 소식을 들었어요. 한참이 지나서야 하늘이랑 같이 다른 곳에 보내졌다가 간신히 탈출한 다른 친구의 이야기를 듣게 되었답니다.

〈라〉 "얘들아! 우리들이 실험을 마친 후 받는 검사에서 통과하지 못하면 어디로 가는지 아니? 그곳에 가면 정말 무서운 주사를 맞게 되는데, 그 주사를 맞은 동물은 모두 잠시 후에 죽는 것을 보았어. 나는 간신히 도망쳤지만 언젠가는 다시 그곳에 가게 될 거야. 이게 실험실에서 태어난 우리의 운명이래."

〈마〉 그럼 저는 어떻게 실험실에서 나와 가족들을 만날 수 있었냐고요? 어떤 이유인지 몰라도 실험실이 아니라 보호소에서 지냈던 저는 어떤 아저씨의 도움을 받아 세상으로 나올 수 있었고, 그곳에서 지금의 가족을 만났어요. 우리 엄마, 아빠는 처음에 마음을 열지 못하고 숨기 바빴던 저를 오랫동안 기다려 주었죠. 지금 저는 행복하지만, 아직도 실험실에 있을 친구들을 대신해 이 말을 꼭 전하고 싶어요. "여러분, 나는 실험용 비글 가온이가 아니에요. 나는 사람들의 사랑을 받고 행복하게 살 자격이 있는 소중한 비글 가온이에요."

단어 뜻 보기 비글 개의 한 종류로, 다리는 약간 짧으며 귀가 축 늘어져 있는 것이 특징
신약 새롭게 만들어서 판매하는 약
야속하게도 섭섭하고 언짢게도 웬 야속하다

★★★
내용
파악하기 **1** 가온이가 밑줄 친 ㉠과 같은 일을 겪어야 했던 이유는 무엇인가?

① 아픈 동물들을 위한 치료제를 개발하기 위해서였다.
② 태어났을 때부터 아팠기 때문에 병을 치료해야 했다.
③ 입양을 가기 전에 건강 상태를 확인해야 했다.
④ 새로 개발된 개 사료의 안전성을 확인해야 했다.
⑤ 사람에게 안전한 약인지 알기 위한 실험을 대신 당했다.

★★★
내용
파악하기 **2** 빈칸 ㉡에 들어갈 알맞은 이어 주는 말을 고르시오.

① 그래서　　　　　　　　② 하지만
③ 그래도　　　　　　　　④ 그리고
⑤ 왜냐하면

★★★
내용
파악하기 **3** 가온이에 관한 설명으로 바른 것에는 ○, 바르지 않은 것에는 ×를 표시하시오.

(1) 태어난 실험실에서 가족과 함께 지냈다. 　　　　(　　　)
(2) 5년 만에 실험실에서 나올 수 있었다. 　　　　(　　　)
(3) 하늘이와 같은 날 실험실에 들어왔다. 　　　　(　　　)
(4) 보호소에서 지낼 때 지금의 가족을 만났다. 　　　　(　　　)
(5) 약이 안전한지 실험하는 실험용 비글이었다. 　　　　(　　　)

4 다음 중 밑줄 친 ⓒ의 의미를 바르게 추론한 것은 무엇인가?

① 하늘이는 치료를 받고 있다.

② 하늘이는 검사실에서 도망쳤다.

③ 하늘이는 주사를 맞고 세상을 떠났다.

④ 하늘이는 다른 실험에 참여하고 있다.

⑤ 하늘이는 실험실에서 나와 보호소로 옮겨졌다.

 5 다음 중 가온이의 주장이 드러난 문단을 고르시오.

① 〈가〉   ② 〈나〉

③ 〈다〉   ④ 〈라〉

⑤ 〈마〉

 6 가온이의 이야기를 통해 글쓴이가 전하고 싶어 하는 내용은 무엇인가?

① 반려동물을 입양하는 데는 큰 책임감이 필요하다.

② 동물이 학대당하는 것을 발견하면 즉각 신고해야 한다.

③ 비글은 마음을 열기까지 시간이 걸리므로 입양할 때 신중해야 한다.

④ 안전한 약의 개발을 위해 동물 실험을 하는 것은 어쩔 수 없는 일이다.

⑤ 동물도 생명체이므로 동물의 생명을 소중히 여기고 보호해야 한다.

7 글에서 느낄 수 있는 글쓴이의 태도는 어떠한가?

① 글쓴이는 비글을 무서워한다.

② 글쓴이는 동물 실험에 관해 비판적이다.

③ 글쓴이는 동물 보호에 무관심하다.

④ 글쓴이는 동물 입양에 부정적이다.

⑤ 글쓴이는 신약 개발을 반대한다.

04

● 한국화된 다른 나라의 문화에는 어떤 것들이 있을까요?

한국인이라면 누구나 즐겨 먹는 음식이자 중국집의 대표 메뉴인 짜장면과 짬뽕. 많은 사람이 짜장면과 짬뽕을 중국 음식으로 알고 있지만, 정작 중국에서는 우리가 먹는 형태의 짜장면과 짬뽕을 먹지 않았다는 것을 알고 있나요? 특히 중국의 짜장면은 우리나라의 짜장면과 맛이 전혀 다르다고 합니다. 그렇다면 짜장면과 짬뽕은 대체 어느 나라의 음식일까요?

짜장면의 역사는 19세기 말 청나라 군대와 함께 일꾼들이 조선에 들어왔을 때 시작되었습니다. 전쟁이 끝난 뒤, 청나라 군대는 다시 자기 나라로 돌아갔지만, 함께 돌아가지 않은 일꾼들은 우리나라에 터를 잡고 중국 음식 장사를 시작했고, 이것이 우리나라식 짜장면이 만들어진 계기가 되었죠. 중국의 대표적인 길거리 음식이었던 짜장면은 '기름을 흠뻑 두른 냄비에 튀기듯 볶는다'라는 의미로, 중국의 된장 양념을 돼지기름에 볶아 국수와 비벼 먹는 간단한 길거리 음식이었어요. 기름진 것을 즐기지 않는 우리나라 사람 입맛엔 잘 맞지 않았겠죠? 그래서 당시 청나라 사람들은 중국식 된장을 우리 된장 맛에 가깝도록 양념을 새롭게 만들고 대파, 마늘 등을 사용해 느끼한 것을 잘 먹지 못하는 조선 사람들 입맛에 맞추었다고 합니다. 느끼한 맛을 잡아주는 파, 마늘과 한국식 된장 양념의 구수한 맛이 어우러져 비로소 우리나라의 중국 음식 대표 메뉴인 짜장면이 완성된 것입니다.

짬뽕은 어떨까요? 짬뽕이란 말은 흔히 서로 다른 것이 뒤죽박죽 섞여 있다고 할 때 사용하는데, 실제로도 짬뽕이라는 음식 자체가 한국, 중국, 일본 삼국 문화가 고루 뒤섞인 음식이라고 해요. 짬뽕은 '탕러우쓰'라는 국수에서 시작되었어요. 평소 중국 사람들은 돼지고기, 채소, 버섯을 볶아서 맑은 국물을 넣어 먹는 '탕러우쓰'라는 국수를 즐겨 먹었지요. 1890년대에 이르러 중국인 중 일부가 일본 나가사키라는 곳에 정착했는데 이때 '탕러우쓰'를 일본 사람들 입맛에 맞게 바꾸어 팔기 시작했다고 해요. 그래서 일본에 맞게 만든 이 국수를 일본 사람들은 '찬폰'이라고 새롭게 이름을 붙이고 즐겨 먹었다고 합니다. 그 후, 일제강점기에 일본 사람들이 한국에 찬폰을 들여왔는데, 매운 것을 즐겨 먹는 우리나라 사람의 입맛에 맞게 해산물과 매운 고춧가루를 넣으면서 요즘 우리가 먹는 얼큰한 '짬뽕'으로 새롭게 만들어졌어요. 중국 사람, 일본 사람, 한국 사람의 서로 다른 입맛이 서로 다른 맛의 세 가지 종류의 국수를 탄생시킨 거예요.

짜장면과 짬뽕은 이웃 나라인 중국에서 시작되었지만, 한국인의 입맛에 맞게 새롭게 태어나 한국만의 독특한 맛과 특징을 가진 음식으로 자리 잡았으니 우리나라 음식으로 볼 수 있습니다. 짜장면과 짬뽕처럼 오늘날 지구촌 사회에서는 한 나라의 문화가 다른 나라로 전해져 그 나라에 맞게 재창조될 수 있어요. 우리나라의 문화만 고수하고 다른 나라의 문화를 받아들이지 않거나 다른 나라의 문화만을 무조건 쫓는 게 아니라 각 나라 상황에 맞게 재창조하려는 열린 마음이 있다면 우리는 훨씬 더 다양한 문화를 누릴 수 있지 않을까요?

 단어 뜻 보기

계기 어떤 일이 발생하거나 변하게 되는 원인 또는 기회

비로소 그 전까지는 이루어지지 않았던 일이 오랜 기다림 끝에 처음 이루어짐을 나타낸 말

고수 차지한 물건이나 형세 따위를 굳게 지킴

주제 이해하기 ★ 1 이 글에서 주로 다루는 내용을 고르시오.

① 한국의 짜장면과 짬뽕의 유래

② 짜장면과 짬뽕의 영양

③ 짜장면과 짬뽕 만드는 방법

④ 중국식 짜장면과 짬뽕의 특징

⑤ 중국에 짜장면과 짬뽕이 없는 이유

내용 파악하기 ★★★ 2 다음 중 글의 내용에 관한 설명으로 바르지 <u>않은</u> 것은 무엇인가?

① 짜장면과 짬뽕의 시작은 중국이다.

② 짜장면과 짬뽕은 완전히 한국화되었다.

③ 짬뽕은 일본을 거쳐 우리나라에 들어왔다.

④ 짜장면보다 해산물이 들어간 짬뽕이 더 건강에 좋다.

⑤ 중국의 짜장면은 중국식 된장을 넣고 기름에 볶는 길거리 음식이다.

3 짬뽕이 만들어지게 된 계기를 정리할 때 아래 표 ㉠, ㉡에 들어갈 내용을 글에서 찾아 쓰시오.

내용	관련어
중국에서 돼지고기, 채소, 버섯을 볶아 맑은 국물을 넣어서 국수를 만들어 먹음	㉠
↓	↓
일본에 정착한 중국 사람들이 일본인의 입맛에 맞게 바꾸어 팔기 시작함	찬폰
↓	↓
㉡	짬뽕

㉠:

㉡:

4 글을 통해 글쓴이가 전달하고자 하는 중심 내용을 고르시오.

① 짜장면과 짬뽕의 원조를 두고 나라 간에 갈등이 생겼다.

② 다른 나라의 문화는 무조건 우리 상황에 맞게 바꿔야 한다.

③ 다른 나라에서 건너온 문화는 원형 그대로 유지하는 게 중요하다.

④ 우리의 문화가 가장 우수하니 다른 나라의 문화는 되도록 받아들이지 않아야 한다.

⑤ 다른 나라의 문화를 열린 마음으로 받아들이고 재창조하면 우리의 문화가 될 수 있다.

● 우리집 근처에 쓰레기 처리장이 생긴다면 기분이 어떨까요?

　장애인 시설, 쓰레기 소각장과 같이 필요한 공공시설물이지만 우리 지역에 생기는 것은 강력하게 반대하는 이기주의를 '님비(NIMBY) 현상'이라고 부른다. "내 뒷마당에는 안 된다(Not In My Backyard)"라는 영어 문장에서 각 단어의 머리글자를 따서 만든 말인데, 이 말은 어디서부터 나온 것일까?

　1987년 3월 미국 뉴욕 주 아이슬립 지역에서는 지역에서 배출한 쓰레기를 처리할 방안을 찾고자 했다. 하지만 주민들은 모두 환경이 파괴되거나 지역의 땅값이 내려간다는 등의 이유를 들며 마을 앞에 쓰레기 처리 시설이 세워지는 것을 반대했다. 쓰레기를 처리할 방안을 찾지 못하자, 정부는 어쩔 수 없이 쓰레기를 처리해 줄 다른 지역을 직접 찾아가기로 했다. 그러나 미국 남부 6개 주와 중남아메리카까지 약 9,600km를 항해하는 동안 아이슬립의 쓰레기를 받아주는 곳은 단 한 곳도 없었는데, 그때 사람들이 외친 말이 바로 "내 뒷마당에는 안 된다(Not In My Backyard)!"였다고 한다.

　님비 현상과 반대로 무조건 우리 지역에 시설을 유치하고자 하는 정반대의 지역 이기주의가 있다. 2002년 당시 우리나라에서 월드컵이 개최되었을 때 각 지역은 월드컵 경기장을 자기 지역에 건설하고자 큰 노력을 기울였다. 왜냐하면 월드컵이 개최되면 지역을 알리고 지역 경제를 살릴 좋은 기회가 되기 때문이다. 이처럼 지역 경제에 도움이 된다고 판단되는 시설들을 자기 지역에 세우기 위해 주민들이 앞장서는 현상을 '핌피(PIMFY: Please In My Front Yard를 줄인 말) 현상'이라고 한다.

　님비 또는 핌피 현상과 같은 지역 이기주의는 다른 지역의 이익은 돌아보지 않고 자기 지역의 이익만 추구하는 태도를 의미한다. 지역 이기주의는 지역 간 균형 발전을 늦추고 지역 간의 갈등을 일으킬 수 있다는 문제점이 있다. 하지만 지역 이기주의 현상을 적절히 이용하면 ㉠이러한 문제를 지혜롭게 해결할 수 있다. 다시 아이슬립의 이야기로 돌아가 보자. 쓰레기를 처리하지 못한 아이슬립 지역 사람들은 어떻게 했을까? 결국 그들은 지역에 쓰레기 처리 시설을 세우기로 결정했다. 대신 시설이 들어서는 곳에는 그 일대 주민에게 충분한 보상을 해 주기로 합의했다. 이처럼 공공의 이익과 개인의 이익을 조화롭게 하는 것이 지역 이기주의를 해결하는 ㉡열쇠이다. 지역 주민들의 의견을 충분히 수렴하고 그에 따른 대책이나 보상을 제공하여 지역 내 갈등을 극복하는 지혜를 발휘하는 것이다. 다수의 편의를 위해 세운 정부의 계획과 지역 주민의 이익 간에 충돌이 발생하여 갈등 상황이 생겼을 때, 무조건 문제를 피하려고 하거

분 ː 공부한날 월 일

나 한쪽의 의견만 강하게 내세우기보다 문제를 잘 해결하기 위한 방법을 서로 적극적으로 찾는 자세가 필요하다.

방안 일을 처리할 방법 또는 계획

유치 행사나 사업 등을 끌어들이는 일

합의 공동의 목표와 그 목표를 이루는 방식에 대해 서로 의견을 맞춤

수렴하고 여러 개로 나뉜 의견이나 생각 등을 하나로 정리하고 ⑭ 수렴하다

 1 다음 중 글을 읽고 알 수 있는 사실이 <u>아닌</u> 것은 무엇인가?

① 지역 이기주의의 정의　　　　　② 지역 이기주의의 종류

③ 지역 이기주의의 사례　　　　　④ 지역 이기주의의 필요성

⑤ 지역 이기주의의 해결 방법

 2 미국 정부가 미국 6개 주와 중남아메리카까지 항해한 이유를 글에서 찾아 쓰시오.

_____

_____

 3 밑줄 친 ㉠이러한 문제가 가리키는 것을 글에서 찾아 쓰시오.

_____

 4 다음 중 밑줄 친 ㉡의 의미와 <u>다르게</u> 사용된 것은 무엇인가?

① 우리 집 열쇠를 잃어 버렸다.　　　② 당신의 성공 열쇠는 무엇인가요?

③ 엄마 음식 맛의 열쇠는 정성이다.　④ 이번 사건의 열쇠를 드디어 찾았다.

⑤ 이 문제의 열쇠는 나 자신에게 있다.

5 지역 이기주의의 뜻과 그 해결 방법을 글에서 찾아 빈칸을 채우시오.

- 뜻: 자기 지역의 ☐☐ 만 추구하는 태도

- 해결 방법: 공공의 이익과 개인의 이익의 ☐☐ 를 추구

6 글에 관한 설명 중 바른 것에는 ○, 바르지 <u>않은</u> 것에는 ×를 표시하시오.

(1) 님비현상만 지역 이기주의라고 할 수 있다. ( )

(2) 아이슬립에서 배출된 쓰레기를 다른 지역의 처리장에서 처리했다. ( )

(3) 우리나라에서는 아직 지역 이기주의 현상이 발생한 예가 없다. ( )

(4) 핌피현상은 지역 경제에 도움이 될 만한 시설을 지역에 세우려는 ( )
이기주의를 뜻한다.

7 글을 참조해 〈보기〉의 문제 상황을 바람직하게 해결할 수 있는 <u>정부 입장</u>의 방법을 아래에서 <u>모두</u> 고르시오.

〈보기〉 최근 대규모 공장 단지 조성 계획을 두고 ○○시의 지역 주민들이 이에 반대하고 있어 문제가 되고 있다. 도시산업 발전 계획을 추진하려는 정부와 지역 내 환경 오염 및 훼손을 걱정하는 지역 주민들의 갈등은 앞으로 더욱 심해질 전망이다.

ㄱ 주민 의견을 들은 뒤 설득해서 원래 계획대로 밀고 나간다.

ㄴ 주민들이 입게 될 피해에 대해 금전적 보상을 약속한다.

ㄷ 주민들의 의견에 따라 정부의 계획을 없던 일로 한다.

ㄹ 주민들의 피해를 최소화하기 위한 대책을 수립한다.

★★★
요약
하기 **8** 글에서 찾은 알맞은 말로 아래 표의 빈칸을 채워 님비현상과 핌피현상을 정리하시오.

	님비현상	핌피현상
뜻	자기 지역에 특정 (1)(　　　　　)이 생기는 것을 (2)(　　　　)하는 지역 이기주의	무조건 자기 지역에 (3)(　　　　　)을 (4)(　　　　)하고자 하는 지역 이기주의
예시	미국 뉴욕 주 아이슬립 지역의 (5)(　　　　) 처리	2002년 월드컵 경기장 건설을 위한 한국 내 여러 지역의 노력
원인	• (6)(　　　　)이 파괴된다 • 지역의 (7)(　　　　)이 내려간다	• 지역을 알릴 수 있다 • 지역 (8)(　　　　)를 살릴 수 있다
해결법	지역 주민들의 의견을 (9)(　　　　)하고 그에 따른 대책을 세우거나 (10)(　　　　)을 제공	

3과 문학과 예술

문학이나 다른 예술 작품을 접할 때 작가와 그 시대적 배경, 그리고 작품 속의 메시지를 알아가는 것을 통해 우리는 다양한 분야의 지식을 쌓을 수 있을 뿐 아니라, 우리가 살아가는 데 필요한 가치와 교훈, 지혜를 얻을 수 있습니다.

목표   다음 독해 기술을 이용해 봅시다.

- ✓ **낱말 이해하기**
- ✓ **내용 파악하기**
- ✓ **주제 이해하기**
- ○ 문단 이해하기
- ○ 글의 구성 알기
- ✓ **요약하기**
- ✓ **추론하기**
- ✓ **적용 및 문제 해결하기**
- ✓ **감상하기**

교과서 연계

- [4학년 2학기] 국어 4단원 '이야기 속 세상'
- [4학년 2학기] 국어 9단원 '감동을 나누며 읽어요'
- [5학년 2학기] 사회 2단원 '사회의 새로운 변화와 오늘날의 우리'
- [6학년 1학기] 국어 1단원 '비유하는 표현'
- [6학년 1학기] 국어 6단원 '내용을 추론해요'

아래 그림은 뒤에서 읽을 글과 연관이 있거나 글에서 벌어지는 상황을 묘사하고 있습니다. 어떤 상황일지 생각하면서 질문에 답해 봅시다.

(1) 어떤 내용의 글이 전개될 것 같은가?

　(ㄱ) 소년이 웃는 얼굴로 눈사람을 만들고 있는 것으로 보아 눈사람에 관한 이야기를 할 것이다.

　(ㄴ) 겨울방학 때 어떻게 효율적으로 시간 계획표를 짤 것인지에 관한 조언을 해 줄 것 같다.

(1) 어떤 상황을 나타내는 그림인 것 같은가?

　(ㄱ) 왼쪽 남자가 가난한 오른쪽 남자의 사정을 불쌍히 여겨서 경제적인 도움을 주고 있는 것 같다.

　(ㄴ) 오른쪽 남자의 표정이 제대로 보이지 않지만 씩 웃고 있는 것으로 보아 뭔가 왼쪽 남자를 속이려는 꿍꿍이속이 있는 것 같다.

(2) 왼쪽 남자는 어떤 성격일 것 같은가?

　(ㄱ) 허세가 있고 잘난 체하는 사람인 것 같다.

　(ㄴ) 겸손하고 남을 불쌍히 여기는 성격일 것이다.

(1) 그림에 관한 감상으로 알맞은 것은 무엇일까?

　(ㄱ) 장옷을 입은 여자의 실제 키와 체구가 아기를 업고 있는 아래쪽 여자보다 훨씬 더 클 것이다.

　(ㄴ) 두 여자의 키와 체구, 옷차림의 차이를 일부러 과장되게 그려서 두 사람의 신분 차이를 나타낸 것 같다.

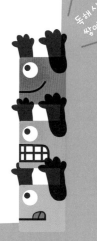

독해 실력이 쑥쑥!

01

● 추운 겨울에 눈사람을 만든 경험이 있나요?

눈사람

춥겠다~

겨울에 눈이 내린 다음이면
우리집 밖에 서 있는 친구 눈사람
올해 겨울에도 변함없이 서 있네요.

눈사람이 재채기할까 봐
겁이 났어요
살며시 목도리를 풀어
눈사람에 따뜻하게 감싸 줍니다.

눈사람 손이 꽁꽁 얼어버릴까 봐
겁이 났어요
살며시 장갑을 벗어
가느다란 나무 손에
꼬옥 끼워 줍니다.

추운 겨울
혼자 마당에 있는
눈사람이 안쓰러워
내 방으로 데려가고 싶어요.

㉠하지만 엄마는
눈사람은 따뜻한 방이 아니라
밖에 있어야 한다고 해요.
따뜻한 곳에 가면
이 친구는 사라진대요.

그래서 눈사람 옆에서
나도 꼬마 눈사람이 되어
함께 손을 잡아요.

★
내용 파악하기 **1** 시의 시간적, 공간적 배경을 찾아 쓰시오.

시간적 배경	
공간적 배경	

★★
추론 하기 **2** 엄마가 밑줄 친 ㉠과 같이 말한 이유는 무엇일까?

① 방에 들이기에는 눈사람이 너무 커서

② 눈사람을 방에 옮겨 놓기에는 무거워서

③ 눈사람이 엄마에게 밖에 있고 싶다고 말했으므로

④ 따뜻한 곳에 있으면 눈사람이 빨리 녹기 때문에

⑤ 눈사람을 향한 아이의 흥미를 끊게 하려고

★★
내용 파악하기 **3** 눈사람을 향한 어린아이(화자)의 애정을 드러내는 물건을 <u>두 개</u> 찾아 쓰시오.

_____

★★★
내용 파악하기 **4** 시에 관한 설명으로 바른 것에는 ○, 바르지 <u>않은</u> 것에는 ×를 표시하시오.

(1) 어린아이의 눈으로 눈사람을 바라보고 있다. (　　　)

(2) 눈사람을 아끼고 소중히 여기는 마음이 잘 드러나 있다. (　　　)

(3) 어린아이가 눈사람을 방 안으로 데려간 모습이 묘사되어 있다. (　　　)

(4) 꼬마 눈사람은 눈사람과 함께하는 어린아이를 상징적으로 나타낸다. (　　　)

★★
감상 하기 **5** 시의 분위기와 어울리는 것을 고르시오.

① 시끄럽다　　　　　　　　② 슬프다

③ 비판적이다　　　　　　　④ 따뜻하다

⑤ 답답하다

02

● 가정과 학교에서 여러분이 맡은 역할에 관해 생각해 본 적 있나요?

어느 날 뱀의 머리와 꼬리 사이에 다툼이 일어났다. 꼬리는 매번 머리가 정해 주는 방향대로만 따라가야 하는 것이 싫다며 불만을 이야기했다.

"왜 나는 항상 네 꽁무니를 따라다녀야 하는 거지? 너도 나와 마찬가지로 뱀 몸의 일부분일 뿐이잖아. 나에게도 직접 길을 정해 다닐 수 있는 권리가 있어."

꼬리의 불평을 들은 머리는 말했다. "꼬리야, 너에게는 앞을 볼 수 있는 눈이 없고, 위험을 알아차릴 귀나 혀도 없고, 행동을 결정하는 뇌도 없지 않니? 내가 너를 끌고 다니는 것은 나만을 위해서가 아니야. 너의 안전을 위해서이기도 해!"

이 말을 들은 꼬리는 큰 소리로 비웃으며 말했다. "머리야! 나도 너처럼 앞장서서 갈 수 있을지 어떻게 아니? 나에게는 지금까지 앞장서서 갈 기회가 주어진 적이 없었어! 나에게도 움직임을 느끼는 감각이 있어서 길 안내 정도는 할 수 있다고." 꼬리의 말을 들은 머리는 어쩔 수 없이 꼬리에게 제안했다. "네가 정 그렇게 생각한다면 내 일을 대신해 보아도 좋아. 네가 직접 내 일을 해 본다면 내가 왜 그렇게 이야기했는지 이해할 수 있을 거야. 그리고 다시 내게 그 일을 맡기게 되겠지." 이 말을 들은 꼬리는 몹시 기뻤고, 머리에게 자기가 그 일을 얼마나 잘할 수 있는지 보여 줘야겠다고 마음먹었다.

(㉠) 앞으로 나가 움직이기 시작한 지 얼마 지나지 않아 깊은 개울로 굴러떨어지고 말았다. 꼬리는 개울 속에서 얕은 곳을 찾아 헤매었지만 찾기가 어려웠다. 결국, 머리가 고생한 끝에 겨우 도랑으로부터 기어오를 수 있었다. 한숨 돌린 꼬리는 운이 나빴던 것이라고 머리에게 말하며 다시 길을 나서기 시작했다. (㉡) 또다시 꼬리는 가시덩굴이 무성한 덤불 속으로 들어가 버렸다. 꼬리가 빠져나오려고 기를 쓰면 쓸수록 가시는 점점 더 몸을 찔러왔고, 이번에도 어쩔 수 없이 머리에 도움을 요청할 수밖에 없었다. 머리가 한참 애를 쓴 후에서야 뱀은 가시덤불로부터 무사히 빠져나올 수가 있었다. 이미 몸은 덤불에 찔린 상처로 성한 곳이 없었다. 그러나 이번에도 꼬리의 마음은 바뀌지 않았다. 머리는 꼬리의 마음을 되돌리고 싶었지만 체념하고 꼬리를 따라갔다.

그런데 이번에는 몸이 점점 뜨거워지고 눈앞이 깜깜해지는 것이 아닌가? 꼬리가 이번에는 불이 난 곳으로 들어간 것이다! 위험을 느낀 머리는 꼬리를 다급하게 불렀으나 이미 불 속으로 들어간 후였다. 머리는 위기에서 벗어나기 위해 필사적으로 움직였지만 앞이 보이지 않아 방향을 알 수가 없었고 결국 뱀은 불에 타 죽고 말았다.

개울 들이나 골짜기에 흐르는 작은 물줄기

도랑 폭이 좁은 작은 개울

성한 별다른 병이나 탈이 없는 ⑭ 성하다

체념하고 희망을 버리며 아주 포기하고 ⑭ 체념하다

필사적으로 죽을 힘을 다해

---

1 다음 중 머리와 꼬리가 각각 자기 주장을 펼칠 때 사용한 근거를 알맞게 연결하시오.

● (가) 나는 눈과 귀 등을 통해 위험을 알아차릴 수 있다.

(1) 머리 ●

● (나) 나도 움직임을 느낄 수 있어서 길을 안내할 수 있다.

● (다) 내게는 어떤 행동을 하라고 지시를 내릴 뇌가 있다.

(2) 꼬리 ●

● (라) 내게는 앞장설 수 있는 기회가 주어지지 않았다.

---

2 빈칸 ㉠과 ㉡에 들어갈 말로 알맞게 짝지어진 것을 고르시오.

㉠ — ㉡   ㉠ — ㉡

① 그리고 — 게다가   ② 따라서 — 그러나

③ 그래서 — 그리고   ④ 그렇지만 — 왜냐하면

⑤ 그러나 — 하지만

---

3 다음 중 글의 내용에 알맞은 설명을 고르시오.

① 머리가 안내하여 뱀은 가시덤불 속으로 들어갔다.

② 머리는 자신의 역할을 기꺼이 꼬리에게 넘겼다.

③ 머리의 빠른 판단으로 뱀은 불 속에서 벗어날 수 있었다.

④ 꼬리는 자신 있게 앞장섰으나 계속 잘못된 곳으로 들어섰다.

⑤ 꼬리의 가장 큰 기능은 외부로부터 몸을 보호하는 것이다.

4 글의 내용을 아래와 같이 간단히 정리하려고 한다. ㉮에 공통으로 들어갈 내용을 찾아 빈칸에 쓰시오.

원인		결과
뱀의 꼬리가 머리에게 늘 머리가 앞장서서 이끌고 가는 것에 대하여 불만을 말함	→	㉮

원인		결과
㉮	→	불 속으로 들어가 결국 머리와 꼬리가 속한 뱀이 죽게 됨

㉮ : _____

5 이 글을 예로 들어서 글을 쓰려고 할 때 어울리는 주제는 무엇인가?

① 학급에서 지켜야 할 예절

② 학급에서 인기 있는 친구 되기

③ 학급에서 맡은 책임과 협력의 중요성

④ 학급에서 고운 말을 써야 하는 이유

⑤ 학급에서 일어나는 문제와 그 해결 방법

03

● 우리나라의 소중한 문화유산에는 어떤 것들이 있을까요?

천년 고도 경주는 신라 천 년의 역사를 고스란히 간직하고 있는 곳이다. 도시 전체를 하나의 박물관으로 볼 수 있을 만큼 신라의 많은 문화유산이 살아 숨 쉬고 있으며, 그중 석굴암은 불교문화의 꽃으로 손꼽힌다. 천 년 역사를 꿋꿋이 견뎌 온 석굴암의 가치에는 어떤 것이 있을까?

〈가〉 **아름다운 비례의 극치** − 석굴암의 구조 및 불상들은 모두 균제비례로 되어 있어 뛰어난 예술성을 보여 준다. 균제비례란 인체에서 얻어진 것으로, 가장 아름다움과 안정감을 느끼게 하는 비율로 알려져 있다. 당시 신라인들이 이러한 이상적인 비율이 무엇인지 정확하게 알고 있었음이 석굴암의 전체 구조 및 내부의 조각들이 모두 균제비례로 되어 있다는 점을 통해 증명된다.

〈나〉 **세계에서 유일한 인공 석굴 사원** − 석굴암은 세계에서 유일한 인공 석굴 사원이다. 처음 석굴암을 짓고자 했을 때 인도의 석굴 사원처럼 암석을 파고 굴을 만들어 그 안에 불상을 모시고자 하였으나, 우리나라의 산은 대부분 단단한 화강암으로 되어 있어서 불가능했다. 이를 극복하기 위해 360개의 돌을 쌓아서 돔 형태의 지붕과 인공 굴을 만들었다.

〈다〉 당시는 돌을 다듬을 수 있는 정밀한 기계 장치나 돌과 돌 사이를 단단하게 붙여 주는 재료가 없었기 때문에 치밀한 계산과 건축에 관한 깊은 이해가 필요했다. 천 년 전, 돌을 다듬고 그 돌들을 서로 빈틈없이 끼워 맞추는 방식으로 만들어져서 현재까지 그 형태를 고스란히 보전하고 있는 석굴암은 신라인들의 뛰어난 측량 기술과 정교한 설계 기술을 보여 준다.

〈라〉 **빈틈없는 과학적 설계** − 또한 석굴암의 과학적인 설계가 돋보이는 부분 중 하나는 석굴 내부의 습도를 조절하도록 설계되었다는 점이다. 석굴암은 바닥 아래로 차가운 지하수가 흐르게 되어 있는데 이 지하수가 석굴암 바닥의 온도를 벽면의 온도보다 낮게 만들어 벽면이나 석굴암 지붕 위 암석층의 습기를 바닥 쪽에서 흡수할 수 있다.

〈마〉 석굴암은 우리 조상의 뛰어난 건축술과 예술미가 살아 숨 쉬는 소중한 문화유산이다. 석굴암 속에 숨겨진 과학적 원리와 문화유산으로서의 소중함을 새기고, 기회가 된다면 천 년의 역사를 직접 만나 보자!

ⓒ문화재청 국가문화유산포털

1 다음 중 이 글의 주제로 가장 적합한 것은 무엇인가?

① 석굴암의 유래

② 석굴암의 가치

③ 석굴암의 구조

④ 석굴암의 보존 방법

⑤ 석굴암의 아름다움

 2 아래 주어진 뜻에 해당하는 말을 글에서 찾아 쓰시오.

[뜻] 인체에서 얻어진 것으로, 가장 아름다움과 안정감을 느끼게 하는 비율

_____

 3 다음 중 '문화유산 ─ 석굴암'과 같은 관계를 지닌 것을 고르시오.

① 밥 ─ 진지   ② 여자 ─ 남자

③ 과일 ─ 사과   ④ 살다 ─ 죽다

⑤ 개 ─ 고양이

4 다음 중 석굴암에 관한 설명으로 바르지 <u>않은</u> 것은 무엇인가?

① 경주에 가면 신라 시대에 만들어진 석굴암을 볼 수 있다.

② 석굴암 아래로 흐르는 지하수 덕에 바닥 온도가 낮다.

③ 석굴암의 구조와 그 안의 불상은 아름다운 비율을 자랑한다.

④ 석굴암을 통해 신라인의 측량 기술과 건축술을 가늠할 수 있다.

⑤ 석굴암은 인도의 석굴 사원처럼 암석을 파서 굴을 만들었다.

 5 〈보기〉의 내용을 글에 추가하고자 할 때 들어갈 문단의 위치로 알맞은 것을 고르시오.

〈보기〉 하지만 오랜 역사의 현장에서 스스로 지켜나갔던 석굴암은 현재는 자연적으로 습도를 조절하지 못한다. 일제강점기 시대에 일본인들이 석굴암을 보수한다며 콘크리트를 발랐는데, 그 후 내부에 물기가 맺히고 곰팡이가 생기는 문제가 발생한 것이다. 결국, 해방 후 습기를 제거하기 위해 인공 장치를 놓는 것으로 대신하고 있다.

① 〈가〉문단 뒤　　　　　　② 〈나〉문단 뒤
③ 〈다〉문단 뒤　　　　　　④ 〈라〉문단 뒤
⑤ 〈마〉문단 뒤

04

● 조선 시대 여성들의 사회적 지위는 오늘날과 비교하여 어땠을까요?

우리 강산과 서민들이 생활하는 모습을 있는 그대로 그려낸 그림을 풍속화라고 한다. 특히 조선 후기의 풍속화는 실제 그 시대를 살던 사람들의 모습이 생동감 있게 묘사하고 있는데, 조선 시대 여성의 삶 또한 풍속화를 통해 손쉽게 만나볼 수 있다.

신윤복 〈장옷 입은 여인〉
(출처: 국립중앙박물관)

(가)조선 후기의 풍속화가 신윤복이 그린 〈장옷 입은 여인〉에는 두 여인이 등장한다. 두 여인은 인물의 크기, 위치, 옷차림까지 서로 대조적으로 묘사되어 있다. 단정한 옷차림에 장옷으로 두 얼굴을 가리고 조심스럽게 걸어가는 여인. 그리고 한쪽 아래에 그려진 초라한 행색에 맨발로 아이를 업고 장옷 입은 여인을 바라보는 또 다른 여인. (나)이들의 모습을 보면 같은 시대 여성임에도 신분 차이가 컸음을 확연히 느낄 수 있다.

조선 시대의 여성들은 신분에 따라서 다른 삶을 살아야 했다. (다)양반 계층 여성들의 경우 시집을 가서 자식을 키우고 일상생활을 할 수 있는 정도의 교육을 받아 음식 장만, 손님맞이, 자녀 교육 등 집안에서 이루어지는 일을 관리하는 데 대부분의 시간을 보냈다. 하지만 상민이나 천민 계층의 서민 여성의 삶은 훨씬 고됐다. 집안일, 아이 돌보기 등 가정 살림은 물론이고 농사일 등 힘든 바깥일들도 해야만 했다. (라)관청 및 양반집의 집안일을 실제로 도맡아 했던 것도 서민 여성들이었다. 조선 후기의 풍속화가 김홍도가 그린 〈자리짜기〉나 〈빨래터〉, 〈베짜기〉, 신윤복의 〈어물장수〉 속에는 가정 안과 밖에서 힘든 일들을 묵묵히 해내던 강인한 아내와 어머니상이 고스란히 담겨 있다.

김홍도 〈자리짜기〉
(출처: 국립중앙박물관)

당시 여성으로서 제약이 많았던 조선 사회에서 낮은 신분 때문에 더 많은 어려움을 겪어야 했던 서민 여성들. (마)유독 풍속화에서 그 당시 아무도 주목하지 않던 그들의 삶을 다양하게 그렸던 것은 어쩌면 조선 사회를 가장 밑에서 받쳐 주고 끌어 주었던 것이 바로 이들이었음을 세상에 알리기 위함이 아니었을까?

단어 뜻 보기
장옷 조선 시대에 부녀자들이 외출할 때 머리부터 쓴 옷
고됐다 하는 일이 지칠 정도로 힘에 겨웠다 웬 고되다
제약 조건을 붙여 어떤 내용이나 행위를 제한함

1 '풍속화'의 뜻을 글에서 찾아 쓰시오.

---

2 아래 상자에 있는 내용을 양반 여성의 일과 서민 여성의 일로 나누어 각 칸에 해당하는 기호를 쓰시오.

> ㉠ 관청 및 양반집 살림을 도맡아 함
> ㉡ 자녀 교육 및 일상생활을 위한 기본적인 교육을 받음
> ㉢ 음식 장만, 손님맞이, 자녀 교육 등의 집안일을 관리함
> ㉣ 집안일뿐 아니라 농사일 등을 하며 가정 살림을 꾸림

양반 여성의 일	서민 여성의 일

3 조선 시대 풍속화에 관한 설명 중 바른 것에는 ○, 바르지 않은 것에는 ×를 표시하시오.

(1) 조선 후기의 풍속화가로는 신윤복과 김홍도가 있다. (　　)

(2) 조선 시대 여성의 삶을 풍속화에서 엿볼 수 있다. (　　)

(3) 신윤복의 풍속화에는 서민 여성들의 모습만 그려져 있다. (　　)

(4) 김홍도의 〈장옷 입은 여인〉과 〈어물장수〉에는 강인한 여성의 (　　)
모습이 나온다.

4 오늘날 풍속화를 그린다고 할 때 다음 중 적절하지 <u>않은</u> 소재는 무엇일까?

① 학교생활   ② 시장 풍경

③ 가정 모습   ④ 우주여행

⑤ 직장 생활

 5 밑줄 친 (가)~(마)를 '사실'과 '의견'으로 나눠 표에 기호를 쓰시오.

사실	의견

6 글에서 알맞은 말을 찾아 빈칸을 채워 글을 요약하시오.

조선 시대 신윤복, 김홍도 등이 그린 (　　　　　)에는 그 당시 여성들의 삶이 잘 드러나 있다. 조선 시대에는 여성 안에서도 (　　　　　) 차이가 있었다. (　　　　　) 계층 여성들은 자식 교육, 음식 장만, 집안을 관리하는 일을 했지만, (　　　　　) 계층 여성들은 집안일을 돌볼 뿐 아니라 온갖 바깥일도 해야 했다. 조선 시대 (　　　　　) 여성들의 모습이 (　　　　　)에 많이 담긴 이유는 그들이 바로 조선 사회를 가장 밑에서 받쳐 주고 끌어 준 존재였기 때문일 것이다.

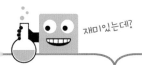

05

● 조선 시대 유명한 사기꾼 봉이 김선달에 대해 들어본 적이 있나요?

봉이 김선달 이야기 <초 친 죽과 초 안 친 죽>

이 이야기는 조선 시대 유명한 사기꾼 봉이 김선달과 관련된 일화예요. 동지섣달에 팥죽을 쑤어 먹게 된 김선달. 하지만 너무 많이 쑤어서 팥죽이 쉬자 김선달은 쉰 팥죽과 초 한 병을 들고 시장으로 나가 양반들을 골려 줄 재미있는 일을 벌이기로 마음먹었답니다.

시장에 나가 자리를 잡은 김선달은 골려 줄 양반들을 찾았어요. 그런데 마침 평소에 마을 사람들을 괴롭히는 양반이 지나가는 것이 아니겠어요? 김선달은 지나가는 양반에게 일부러 다가가 아는 척을 했어요. "아이고, 이게 누구십니까. 우리 마을에서 인품으로나 학식으로나 최고이신 김대감 나리 아니십니까? 제가 따뜻한 팥죽을 쑤었는데, 한 입 드시고 가시지요." 양반은 김선달의 성화에 마지못해 앉았어요. "거참, 이렇게 붙잡으니 어쩔 수 있나? 내가 김선달 얼굴을 봐서 한 그릇 팔아 주지."

\초 친 죽을 주게/

김선달은 양반의 말에 맞장구를 치며 말했어요. "아이고, 역시 나리십니다. 제가 나리는 몇 배로 더 후하게 떠 드립죠."라며 기회를 놓치지 않고 무심한 듯 양반에게 물었어요. "아! 그런데 나리는 아직 초맛을 모르실 테니 초는 치지 말까요?" 양반은 당황했어요. 팥죽에 초를 친다는 말은 처음 들었기 때문이에요. 하지만 초맛을 모른다고 이야기하면 김선달이 자기를 얕잡아 볼 것 같아 김선달에게 물어볼 수 없었죠.

"왜 내 죽에는 초를 치지 말라는 건가?" 양반의 말을 들은 김선달은 속으로는 ㉠쾌재를 불렀지만, 겉으로는 죄송한 척 말했어요. "아이고, 죄송합니다. 나리. 팥죽에 초를 치는 것은 지체 높은 서울 양반님들 식성이셔서 저도 모르게 그만……." 양반은 팥죽에 초를 쳐서 먹는다는 이야기는 처음 들었지만 그제야 알았다는 듯 평소처럼 ㉡거드름을 피우며 김선달에게 말했어요. "자네. 나를 어떻게 보는 겐가? 설마 내가 산골에 살아 아직 초맛을 모를 것으로 생각했나? 초를 듬뿍 치게."

김선달은 몰라뵀었다고 이야기를 하며 허리를 굽신거렸지만, 속으로는 신이 나서 초를 친 팥죽을 주었어요. 양반은 초를 듬뿍 친 팥죽을 한 그릇 다 비우고는 "역시 팥죽은 초를 쳐야 제맛이 나는군." 하면서 일어섰지요. 뒷짐 지고 가는 양반의 뒷모습과 빈 팥죽 그릇을 보며 김선달은 씩 웃으며 집으로 돌아갔다고 해요.

밑줄 친 ㉠과 ㉡ 대신 쓸 수 있는 표현으로 알맞게 짝지어진 것을 고르시오.

	㉠	㉡

① 슬펐지만 — 호통을 치며

② 초조했지만 — 건방지게

③ 무안했지만 — 대단한 척하며

④ 조심스러웠지만 — 겸손하게

⑤ 신났지만 — 잘난 체하며

김선달이 쉰 팥죽과 초 한 병을 들고 시장에 나간 이유를 고르시오.

① 서울 양반의 입맛에 맞추려고

② 못된 양반을 골려 주기 위해

③ 시장 사람들과 죽을 나눠 먹으려고

④ 팥죽은 초를 쳐야 맛있으므로

⑤ 초를 친 팥줄을 팔아 돈을 벌려고

추론 하기 **3** 이 글을 통해 알 수 있는 양반의 성격으로 알맞은 것을 모두 고르시오.

① 신중하다 ② 산만하다
③ 거만하다 ④ 허세가 심하다
⑤ 정직하다

내용 파악하기 **4** 글의 내용에 관한 설명 중 바른 것에는 ○, 바르지 않은 것에는 ×를 표시하시오.

(1) 이야기에서 김선달의 재치와 능청스러움을 엿볼 수 있다. ( )
(2) 서울의 지체 높은 양반들은 원래 팥죽에 초를 쳐서 먹었다. ( )
(3) 이야기 속 양반은 김선달이 자기를 얕잡아 볼까 봐 거짓말을 했다. ( )
(4) 이야기 속 양반은 원래 죽에 초를 쳐서 먹는 것을 좋아했다. ( )
(5) 김선달은 자기가 쑨 팥죽을 양반이 맛있게 먹어서 무척 기뻤다. ( )

감상 하기 **5** 다음 중 이 글을 읽고 교훈을 올바르게 얻지 못한 친구를 고르시오.

① 민영: 자기가 모르는 것은 모른다고 인정하는 게 중요해.
② 라원: 재치와 지혜가 있으면 목적을 이루기 쉬운 것 같아.
③ 태진: 괜히 아는 척하고 거들먹거리면 남에게 속기 쉬워.
④ 소진: 내가 지위가 높고 돈이 있으면 남을 얕잡아 보고 무시해도 괜찮아.
⑤ 희철: 평소에 정직하고 겸손하게 생활해야 좋은 인간관계를 가질 수 있어.

● '이중 그림'이라는 말을 들어 본 적 있나요?

고정관념이란 말을 들어본 적이 있는가? 사람들의 잘 변하지 않는 굳은 생각 또는 지나치게 당연한 것으로 여기는 널리 알려진 생각을 뜻하는 말이다. '나는 고정관념을 가지고 있지 않아.'라고 대부분 생각하겠지만 실제로는 많은 사람이 자신이 가지고 있는 생각을 깨고 다른 방식으로 생각하기를 거부한다. 오늘은 미술 세계에서 그러한 고정관념을 깬 작가를 소개하고자 한다. 가까이에서 보면 무와 양파 등 탐스러운 채소들이 한데 담겨 있는 평범한 정물화이지만, 한 발짝 멀리 떨어져서 보면 무는 긴 코가 되고 양파는 발그레한 볼로 바뀌는 신기한 그림을 그린 주세페 아르침볼도의 이야기이다.

주세페 아르침볼도는 ㉠생활 속 주변 소재를 세밀하게 묘사할수록 좋은 그림으로 평가받던 시대에, 이를 거부하고 색다른 표현을 시도하였다. 생활 속 사물들을 한데 모아 전혀 예상치 못한 곳에 사용함으로써 한 가지 사물이 두 가지 의미를 나타내게 표현한 이중 그림이 바로 그것이었다.

이 그림을 살펴보자. 그림을 가까이에서 보면 분명 잘 익은 옥수수, 새콤한 버찌, 농익은 복숭아 등을 하나하나 실제 존재하는 것처럼 자세히 묘사하여 마치 곡식과 과일들을 한데 모아 그린 그림처럼 보인다. 하지만 한 발 떨어져서 이 그림을 보면 버찌는 사람 입술로, 복숭아는 발그레한 볼로, 옥수수는 귀로 보이는 또 하나의 그림을 만날 수 있다. 그 당시 어느 누가 곡식과 과일로 사람의 얼굴을 묘사할 수 있다고 생각할 수 있었을까? 이러한 아르침볼도의 기발한 그림은 사물을 있는 그대로 나타내는 데 힘썼던 당시 사람들에게는 기괴함과 놀라움 그 자체였다. 그의 그림을 보는 사람들은 아마도 '저 그림을 정물화로 봐야 할 것인가? 초상화로 봐야 할 것인가?' 고민하지 않았을까?

아르침볼도가 과일이나 꽃 등 일상적인 주변의 사물을 선택한 것은 단순히 작품에 재미나 기발함을 주기 위한 것만은 아니었다. 이는 작품에서 자신이 전하고자 하는 메시지를 효과적으로 전달하기 위한 수단이기도 했다. 정물화와 초상화의 미묘한 경계에 서 있는 주세페 아르침볼도의 대표적인 작품 중 하나인 〈사계절〉을 보면 아르침볼도의 이러한 예술적 특징이 잘 드러난다. 이 작품은 각 계절에 볼 수 있는 자연의 소재를 활용하여 계절별로 소년에서 노인으로 바뀌는 얼굴을 나타냈다. 머리와 얼굴은 물론 입고 있는 옷까지 형형색색의 꽃으로 둘러싸인 소년이 등장하는 '봄', 한 청년이 밀과 이삭으로 덮인 옷을 입고, 머리와 얼굴이 여름 과일로 가득 채워져 풍요와 여유로

1과 2과 3과 4과 5과

음이 느껴지는 '여름', 뜨거운 여름을 지나 호박 모자를 쓰고 그 둘레를 포도송이와 포도 잎으로 감싼 성숙한 장년이 등장하는 '가을', 그리고 시간이 지나 모든 것이 떨어지고 말라버린 고목으로 둘러싸인 노인의 '겨울'. 아르침볼도가 각 계절을 상징하는 자연의 소재를 선택했던 것은 작품에 재미나 기발함을 주기 위한 것뿐만이 아니라, 계절별 소재를 활용해 사람을 묘사함으로써 사계절을 거쳐 변하는 자연의 모습을 인간의 삶과 죽음으로 이어지는 인생의 흐름과 효과적으로 연결하고 싶었기 때문이다.

아르침볼도의 그림에 관심이 생겼다면 직접 찾아보라. 멀리서 보고 가까이서 볼 때 다르게 보이는 이중 그림을 통해 다양하게 사물을 보는 방식을 배울 수 있다. 또한 그림 속에 왜 이 사물을 사용했는가에 관해 작가의 의도를 알아보는 즐거움도 맛볼 수 있을 것이다.

〈사계절〉 중 '여름'

 단어 뜻 보기

거부 받아들이지 않고 거절함
정물화 과일이나 꽃, 접시 등 움직이지 않는 사물의 구도를 잡아 그린 그림
기괴함 이상하고 유난함
장년 서른에서 마흔 안팎의 나이의 사람
고목 나이를 많이 먹어 오래되고 큰 나무

★ **낱말 이해하기** ① **아래 주어진 뜻에 해당하는 말을 글에서 찾아 쓰시오.**

(1)

[뜻] 사물을 전혀 다른 용도로 사용해 표현함으로써 보는 거리나 방향에 따라 다양하게 해석되는 그림

_____

(2)

[뜻] 마음속에 굳게 있어서 잘 변하지 않는 생각 또는 당연하게 여기는 생각

_____

2 아래 그림들이 주세페 아르침볼도의 〈사계절〉 중 무엇일지 알맞은 제목을 빈칸에 쓰시오.

(1)

(2)

(3)

_____   _____   _____

3 2번 문제에 제시된 작품들의 공통점을 글에서 찾아 쓰시오.

_____

_____

4 다음 중 글에서 설명한 것과 같은 성격을 지닌 그림은 무엇인가?

①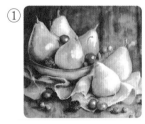

②

③

④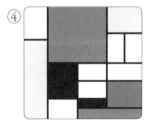

⑤

5 다음 중 주세페 아르침볼도에 관한 설명으로 바르지 <u>않은</u> 것은 무엇인가?

① 아르침볼도는 주변의 사물을 있는 그대로 나타내는 것을 거부했다.

② 아르침볼도는 생활 속 소재를 전혀 다른 용도로 사용해 표현했다.

③ 아르침볼도는 단순히 표현상의 재미를 위해 생활 속 소재들을 사용했다.

④ 〈사계절〉은 정물화와 초상화 사이에 있는 아르침볼도의 대표적인 이중 그림이다.

⑤ 〈사계절〉은 계절의 흐름과 인간의 탄생 및 성장, 죽음의 과정을 연관 지은 작품이다.

 6 밑줄 친 ㉠을 참고하여, 당시 일반적인 사람들은 주세페 아르침볼도의 그림을 보고 난 뒤에 보였을 것 같은 반응을 고르시오.

① 이 초상화의 모델은 농부임이 틀림없어.

② 그림 속 인물이 실제로 존재하는 것 같아.

③ 참신하지만 사실대로 표현하지 못했으니 좋은 그림이 아니야.

④ 한 그림 속에 이렇게 다양한 소재를 활용하다니 놀라워.

⑤ 과일이나 채소로 이렇게 전혀 다른 그림으로 그리다니 대단해.

 7 이 글을 읽는 독자들에게 주세페 아르침볼도가 할 말로 가장 알맞은 것은 무엇인가?

① 다양한 생각을 하는 것보다 한 가지 생각을 깊게 하는 것이 중요해요.

② 자신이 가지고 있는 생각의 틀을 깨고 다른 방식으로 생각해 보세요.

③ 사람은 누구나 고정관념을 가지고 있고, 그것이 당연한 것임을 인정하세요.

④ 생활 속 주변 소재를 세밀하고 정확하게 표현하기 위해 노력하세요.

⑤ 사회와 시대가 좋다고 하는 기준과 평가를 따라가야 좋은 결과를 얻을 수 있어요.

4과 사람과 역사

우리는 과거에 벌어진 일을 배움으로써 현재를 바르게 이해할 수 있습니다. 역사의 한 페이지를 장식했던 인물들의 이야기를 만나 보며 '나라면 어떻게 했을까?'를 고민해 보고, 오늘날 우리가 가져야 할 바른 태도도 생각해 봅시다.

목표 다음 독해 기술을 이용해 봅시다.

- ☑ **낱말 이해하기**
- ☑ **내용 파악하기**
- ☑ **주제 이해하기**
- ☑ **문단 이해하기**
- ○ 글의 구성 알기
- ☑ **요약하기**
- ☑ **추론하기**
- ☑ **적용 및 문제 해결하기**
- ☑ **감상하기**

이게 한국의 전통이구나

교과서 연계
- [5학년 1학기] 사회 1단원 '국토와 우리생활'
- [5학년 1학기] 국어 5단원 '글쓴이의 주장'
- [5학년 2학기] 사회 2단원 '사회의 새로운 변화와 오늘날의 우리'
- [5학년 2학기] 국어 7단원 '중요한 내용을 요약해요'

아래 설명을 읽고 어떤 역사적 인물에 대한 설명인지 〈보기〉에서 이름을 찾아 빈칸에 써 봅시다.

 **1** 조선 시대 어부였던 이 인물은 독도에서 고기를 잡다가 일본에 잡혀갔습니다. 이 인물은 일본 정부에 독도는 우리 땅이므로 자기가 잡혀 올 이유가 없다고 강력히 항의했고, 결국 일본 정부로부터 독도가 우리 땅임을 인정하는 외교 문서를 받았습니다. 독도가 우리 땅임을 널리 알렸던 이 인물은 누구일까요? (   )

 **2** 조선의 지도층이었던 이 인물은 많은 재산뿐 아니라 자신의 삶마저 독립운동에 바쳤습니다. 교육 기관 설립, 항일 운동 지원, 대한민국 임시정부 수립 및 의열단 후원 등 많은 독립운동을 지원하였습니다. 끝내 광복을 맞이하지 못하고 감옥에서 생을 마감했지만, 마지막 순간에도 독립에 대한 강한 염원을 지니고 있었던 이 인물은 누구일까요? (   )

 **3** 이 인물은 조선 후기, 서양의 여러 나라가 서로 필요한 것을 교환하며 거래할 것을 요구했을 때, 나라의 문을 열기 전에 스스로 힘을 키우는 것이 먼저라고 생각해 서양의 요구를 거절하고 나라 문을 굳게 닫는 쇄국정책을 시행합니다. 우리의 고유한 문화를 지키고 국가 경제를 안정화하는 것을 더 중요하게 여겼던 이 인물은 누구일까요? (   )

〈보기〉

안용복   이회영   흥선대원군

조금만 더!

01

● 조선 시대 여성이 할 수 있었던 사회 활동에는 어떤 것이 있었을까요?

조선 시대에는 제주도 여성이 제주도를 떠나 사는 것을 금지하는 법이 있었어. 하지만 여성 상인이었던 김만덕은 관리의 안내를 받으며 제주도를 떠나 한양까지 왔지. 한양에서 임금을 만나 상까지 받았단다. 여성에 대한 제약과 차별이 많았던 조선 시대에 제주도 여성 김만덕은 어떻게 한양까지 올 수 있었던 걸까?

김만덕은 가난한 집에 태어나 어렸을 때 부모를 잃고 힘들게 살아야 했어. 기생의 수양딸이 된 만덕은 타고난 미모와 재능으로 제주도를 대표하는 기생이 되었지. 하지만 만덕은 기생으로 살고 싶지 않았어. 만덕은 스무 살이 되자 관가에 찾아가 제주도 관리에게 부탁했어. 자기를 기생에서 벗어나게 해준다면 돈을 벌어 불쌍한 처지에 있는 사람들을 돌보겠다고 말이야. 만덕의 진심은 받아들여졌고, 만덕은 기생으로 있으면서 모은 돈으로 장사를 시작했어.

만덕은 약재, 전복 등의 제주도 특산물을 적당한 값으로 사 두었다가 육지 상인들에게 다른 데보다 싸게 팔았어. 또한 기생 시절의 경험을 바탕으로 양반집 여성들이 좋아하는 옷감, 장신구, 화장품 등을 팔았지. 만덕의 재산은 날로 늘어나 큰 부자가 되었어.

만약 여기서 이야기가 끝났다면 오늘날 우리는 조선 시대의 거상 김만덕에 관해 들을 수 없었을지도 몰라. 김만덕의 그 이후 이야기가 더 대단해. 어느 해 제주도에는 심한 태풍이 불었어. 추수를 앞두고 있었던 제주도 사람들은 한 해 동안 힘들게 지은 농작물을 한순간에 다 잃었고, 백성을 구제할 곡식도 턱없이 모자라 이대로 가다간 수천 명이 굶어 죽게 되는 상황이었지. 이때 만덕은 제주도 백성을 위해 자기 재산을 내놓기로 결심했어. 제주도 관리에게 했던 약속을 잊지 않았던 거야. 만덕은 상인들에게 돈을 주어 육지에서 곡물 500석을 사 오도록 하여 관청에 보내 불쌍한 사람들을 도왔어.

김만덕의 선행은 임금에게도 알려졌어. 임금은 만덕에게 소원을 물었지. 만덕은 임금에게 [㉮   ]고 청했어. 당시에는 섬에 사는 여인들은 육지로 나갈 수 없다는 법이 있었지만, 임금은 만덕의 소원을 들어주었지. 평생 섬을 떠난 적 없는 만덕이 한양 땅을 처음 밟았을 때 어떤 기분이었을까?

여성의 활동이 자유롭지 않고 많은 차별을 받았던 시절에 여성이라는 제약을 뚫고 조선 시대 최고의 거상이 되어 사람들을 돕는 데도 앞장섰던 김만덕의 삶은 오늘날까지 많은 사람에게 감동을 주고 있어.

1 김만덕에 관한 설명 중 바르지 않은 것은 무엇인가?

① 미모와 재능을 통해 제주도에서 유명한 기생이 되었다.

② 제주도를 떠나 한양으로 와서 임금을 만났다.

③ 제주도 사람들을 도운 선행 덕에 제주도의 관리가 되었다.

④ 돈을 벌면 사람들을 돕겠다고 약속하여 기생의 신분에서 풀려났다.

⑤ 굶주림에 처한 제주 백성을 위해 자기 재산을 팔아 곡물을 들여왔다.

2 김만덕의 소원이 무엇이었을지 빈칸 ㉮에 들어갈 내용을 짐작해서 쓰시오.

_____

_____

3 글을 통해 알 수 있는 김만덕의 성격으로 가장 알맞은 것은 무엇인가?

① 재미있고 솔직함

② 조용하고 신중함

③ 겁이 많고 소심함

④ 친절하고 예의 바름

⑤ 대범하고 인정이 많음

4 아래의 ㉠~㉤을 발생한 순서대로 나열하시오.

㉠ 장사에 재주를 보여 제주도에서 큰 부자가 됨

㉡ 어릴 때 부모를 잃고 기생의 수양딸로 들어감

㉢ 임금의 초청으로 섬을 떠나 한양 땅에 가 보는 자유를 누림

㉣ 기생의 신분을 벗고 그동안 모은 돈으로 장사를 시작함

㉤ 태풍 때문에 큰 피해를 본 제주 사람들을 위해 재산을 내놓음

(→   →   →   →   )

5 이 글에서 얻을 수 있는 교훈에 알맞지 <u>않은</u> 의견을 말한 친구를 고르시오.

① 성찬: 기생이라는 현실에서 벗어나기 위해 애쓴 김만덕의 노력을 본받고 싶어.

② 윤지: 나도 김만덕처럼 큰 부자가 되어서 실컷 여행을 다니고 싶어.

③ 태성: 김만덕은 돈을 어떻게 쓰는 게 가치 있는 일인지 알았던 것 같아.

④ 영재: 김만덕은 능력이 있었고, 약속도 지킨 신의 있는 사람이었구나.

⑤ 예린: 나도 다른 사람의 어려움을 돌아보고 도움을 주는 좋은 사람이 되고 싶어.

02

● 독도에 가 본 적이 있나요?

〈가〉 우리나라와 일본 간의 독도를 둘러싼 영토 분쟁에 대해 들어 본 적이 있을 것이다. 일본과의 독도 영토 분쟁은 언제부터 시작되었을까?

〈나〉 우선, 역사적으로 독도는 원래 우리나라의 영토였음을 분명히 알아 둘 필요가 있다. 독도가 우리 영토가 된 것은 오래전 신라 시대로 거슬러 올라간다. 신라 시대 이사부라는 장군이 우산국을 신라 땅으로 만든 이후 조선 시대까지도 독도는 우리나라 영토로 지켜져 왔다. 물론 ㉠이를 증명하는 기록도 남아 있다. 조선 시대 안용복이라는 어부가 독도에서 고기잡이를 하다 일본에 잡혀갔다. 안용복은 일본 정부에 독도는 우리 땅이므로 잡혀 올 이유가 없다고 강력히 항의했고, 결국 일본 정부로부터 ㉡이를 인정하는 외교 문서를 받았다. 이 외교 문서에는 일본 정부가 독도가 조선 땅임을 인정하는 내용이 분명히 적혀 있다.

〈다〉 일본의 독도에 대한 소유권 주장은 1905년 을사늑약 체결로 우리나라의 외교권이 박탈된 것을 이용해 시작된다. 독도는 러일전쟁에서 전략적으로 중요한 위치에 있었기 때문에 일본은 일방적으로 독도를 '주인 없는 섬'으로 선포하고 '다케시마'라는 일본 이름을 새로 지어 일본 영토로 넣었다. 우리나라는 일제강점기 동안 빼앗겼던 독도를 광복 이후에 우리나라 영토로 회복하였으나, 그 이후로도 일본은 처음부터 독도가 일본 고유의 땅이었다고 주장하며 현재까지 독도를 둘러싼 치열한 영토 분쟁을 벌이고 있다.

〈라〉 역사적 기록으로나 지리적 위치로나 우리나라 땅임이 분명한데도 왜 일본은 독도가 일본의 영토라며 주장하는 걸까? 이는 독도의 가치 때문이다. 우선, 독도는 우리나라, 러시아, 일본으로 둘러싸인 동해에서 해상 주도권을 가질 수 있는 중요한 곳에 있다. 또한 주변에 다양한 어류가 살고, 미래의 에너지원으로 꼽히는 천연자원 또한 많이 매장되어 있다. 독도를 소유하면 주변 바다와 바다의 천연자원까지 모두 가질 수 있게 되는 것이다.

〈마〉 현재 일본은 교과서에 독도를 일본 땅이라고 적고 독도가 분쟁 지역인 것처럼 세계에 홍보하는 등 독도를 호시탐탐 노리고 있다. 따라서 ㉢우리는 독도에 관심을 가지고 독도를 지키기 위해 앞장서야만 한다. 독도는 우리 조상 때부터 이어진 소중한 우리나라의 영토이기 때문이다.

주제 이해하기 ★★ **1** 이 글이 중점적으로 다루는 내용이 무엇인지 빈칸을 채우시오.

　　□□　를 둘러싼 한일 간의　□□□□

내용 파악하기 ★ **2** 밑줄 친 ㉠과 ㉡의 이가 공통되게 가리키는 것을 빈칸에 쓰시오.

_____

내용 파악하기 ★ **3** 일본이 독도에 대해 소유권을 주장하게 된 계기가 된 사건이 무엇인지 찾아 쓰시오.

_____

내용 파악하기 ★★★ **4** 다음 중 독도에 대한 설명으로 바르지 <u>않은</u> 것은 무엇인가?

① 독도는 신라 시대부터 우리나라의 영토였다.

② 독도가 우리나라 영토임을 인정하는 외교 문서가 남아 있다.

③ 독도 주변에는 다양한 어류가 살고 많은 천연자원이 매장되어 있다.

④ 우리나라는 일제강점기 이후 독도 영토를 회복하지 못하고 분쟁 중이다.

⑤ 일본은 독도를 '다케시마'라고 부르며 일방적으로 일본 영토에 포함했다.

5 밑줄 친 ⓒ을 생활 속에서 실천할 방안으로 거리가 <u>먼</u> 것은 무엇인가?

① 독두의 역사에 관한 책 읽기

② 독도 보호 운동 참여하기

③ 독도 홍보 자료 만들기

④ 독도가 우리나라 영토인 이유 알기

⑤ 독도 천연자원에 대한 권리 양보하기

6 〈가〉~〈마〉문단 중 아래 질문에 해당하는 문단의 기호를 쓰시오.

(1) 글쓴이의 주장이 핵심적으로 드러난 문단은 무엇인가? _____문단

(2) 독도가 우리나라 영토임을 증명하는 역사적 기록을 설명한 문단은 무엇인가?

_____문단

(3) 독도가 지니는 외교적, 산업적 가치가 설명된 문단은 무엇인가? _____문단

(4) 독도 소유권을 일본에 빼앗기게 된 역사를 설명한 문단은 무엇인가?

_____문단

03

● 일제강점기에 독립을 위해 애쓴 독립 운동가들에 대해 생각해 봅시다.

1910년 조선의 주권을 일본에 강제로 **빼앗겼던** 해에 한 일가가 압록강을 넘어 만주로 갔다. 조선에서 재력으로나 명예로나 누구와 견주어도 뒤지지 않을 만큼 명문가 집안이었던 이회영 일가였다. 이들이 낯선 땅을 향해 나선 이유는 무엇이었을까?

조선의 지도층으로서의 명예와 책임은 어지러운 나라를 위해 독립운동에 함께 참여하는 것이라고 생각하고, 이회영 일가는 몇 대에 걸쳐 풍족하게 쓸 많은 재산과 넓은 토지는 물론이고 자신들의 삶 자체를 모두 독립운동에 바치기로 했다.

우선 이회영 일가는 인재 양성 및 항일 독립 운동가를 많이 배출하기 위해서는 교육 기관이 필요하다고 생각했다. 그래서 농업 생산 지도와 민족 교육을 위해 경학사를 설립하고, 항일 독립 운동가를 배출하기 위해 신흥무관학교를 세웠다. 또한 안창호, 신채호를 비롯한 많은 애국지사와 함께 뜻을 모아 항일 독립 단체인 신민회도 결성하여 활동하였으며, 대한민국 임시정부 수립 및 의열단 후원, 고종의 망명을 계획하여 돕는 등의 국내외 항일 운동 전반에 참여하였다.

하지만 ㉠이 많은 일을 해내면서 온 가족이 겪은 ㉡고초와 희생은 말로 다할 수 없을 만큼 컸다. 이회영 일가의 많은 재산이 독립운동 지원으로 소진되면서 정작 이회영 선생을 비롯한 가족들은 하루에 한 끼도 겨우 먹을 정도였고, 이회영 일가의 형제 대부분은 일제의 고문 속에서 병사하거나 독립운동 중 실종되었다. 만주로 떠날 때 이들 일가가 50명 정도였는데 광복 후 조국에 돌아왔을 때 살아남은 가족이 20여 명밖에 되지 않았다는 사실은 그들이 독립운동 최전선에서 온몸으로 맞서 싸웠음을 증명한다.

이회영 일가가 높은 신분과 많은 재산을 포기하면서까지 얻어내고자 했던 독립에 대한 염원은 광복을 맞이하지 못한 채 감옥에서 생을 마감하는 순간에 남긴 이회영 선생의 마지막 고백과 함께 후대에 오래 빛날 것이다.

"㉢목적을 달성하지 못하였다 하더라도 목적의 달성을 위하여 노력하다가 그 자리에서 죽는다면 이 또한 행복이다."

조선의 주권을 되찾아야 한다!

단어 뜻 보기
주권 국가의 의사를 결정하는 권력
일가 한집에 사는 가족
재력 재물의 힘
항일 일본 세국주의에 맞서 서항함
결성하여 조직하여 ㉿ 결성하다
소진 점점 줄어들어 다 없어짐
병사 병으로 죽음, 또는 그런 일
염원 마음에 간절히 생각하고 기원함
후대 앞으로 올 새로운 세대

 1 다음 중 이 글의 주제로 알맞은 것은 무엇인가?

① 이회영 일가의 높은 신분

② 이회영 일가의 절약 정신

③ 이회영 일가의 만주 문화 체험

④ 이회영 일가가 독립운동에 쏟은 헌신

⑤ 이회영 일가의 재력과 사회에 끼친 영향력

 2 다음 중 밑줄 친 ㉠에 해당하는 내용이 아닌 것은 무엇인가?

① 신흥무관학교 설립

② 만주에 병원과 대학 설립

③ 항일 독립 단체인 신민회 결성

④ 농업 생산 지도와 민족 교육을 위해 경학사 설립

⑤ 대한민국 임시정부 수립 및 의열단 후원

 3 문맥상 밑줄 친 ㉡고초 대신 쓸 수 있는 말은 무엇인가?

① 소원   ② 즐거움

③ 편안함   ④ 어려움

⑤ 의지

내용 파악하기 ④ 밑줄 친 ⓒ목적에 해당하는 내용으로 알맞은 것을 고르시오.

① 대한민국 임시정부의 첫 번째 대통령이 되는 것

② 일본으로부터 독립해 나라의 주권을 되찾는 것

③ 다시 집안의 재력과 명예를 되찾는 것

④ 만주에 민족 최대의 교육 기관을 세우는 것

⑤ 감옥에서 나와 다시 자유의 몸이 되는 것

내용 파악하기 ⑤ 글의 내용에 관한 설명으로 바른 것에는 ○, 바르지 않은 것에는 ×를 표시하시오.

(1) 조선이 일본에게 주권을 빼앗긴 해는 1910년이다. (　　)

(2) 이회영 일가는 만주에서 윤택한 생활을 누렸다. (　　)

(3) 이회영 선생은 감옥에서 풀려나와 광복을 맞이하였다. (　　)

(4) 이회영 일가는 국내외 항일 운동 전반에 참여하였다. (　　)

(5) 이회영 일가는 재산과 모든 것을 바쳐 조선의 독립에 힘썼다. (　　)

04

● 청렴한 사회를 만들기 위해 어떻게 해야 할까요?

부정 청탁이 없는 청렴한 사회를 만들기 위해 일명 '김영란법', 즉 부정 청탁 금지법이 제정되어 지켜지고 있다. 처음에 '김영란법'을 적용하는 과정에서는 사회 곳곳에 혼란이 있었지만, 지금은 어느 정도 우리 생활 속에 자리 잡아 실제로 부정 청탁이 줄어드는 성과가 나타나고 있다. 그런데 '김영란법'과 같은 성격의 법이 만들어진 것이 이번이 처음이 아니라면 믿겠는가? 우리 역사를 살펴보면 '김영란법'과 같이 관리들의 부정부패를 막기 위한 여러 가지 법과 제도가 있었다.

때는 조선 시대, 제2대 임금이었던 정종은 1399년에 신하들에게 "모든 관리는 친가 8촌, 외가 6촌 이내의 친척을 사사로이 만나지 말라"고 명령을 내린다. 이는 높은 벼슬에 있는 친척을 사적인 장소에서 만나지 못하게 하여 친척 간의 부정한 청탁을 근본적으로 없애기 위함이었다. 이를 '분경 방지법'이라고 불렀다.

분경 방지법은 그 내용만큼이나 엄하게 적용되었다. 그 당시 분경 방지법이 실제로 적용된 일화가 있다. 박유손이라는 사람이 조선 시대 개국공신이었던 조은을 찾아가 청탁하며 왕의 호위부대의 우두머리 자리를 얻고자 하였다. 이에 조은이 박유손을 추천하였으나 당시 임금이었던 태종은 다른 이를 ㉠그 자리에 임명하였다. 태종은 관리를 임명함에 있어 가장 중요한 것은 청렴임을 말하며 청탁을 한 박유손을 남포라는 먼 지방으로 귀양 보내고, 청탁을 받은 조은에게도 큰 형벌을 내렸다고 한다.

그러나 조선 시대 내내 ㉡이 법이 잘 지켜졌던 것은 아니다. 왕권이 약해지기 시작한 조선 중기부터 세도 정치가 기승을 부리면서 관직을 돈으로 사고파는 매관매직과 부정 청탁도 많아졌다. 이 사실을 통해 우리는 부정부패를 막기 위한 법을 만드는 것도 중요하지만 동시에 법을 잘 지켜야만 실제로 그 법을 통해 우리 사회가 청렴해진다는 것을 알 수 있다.

단어 뜻 보기

청탁 청하여 남에게 부탁함
청렴한 재물을 탐하지 않으며 행동이 곧은 ㉮ 청렴하다
제정 제도나 법률 등을 만들어서 정함
부정부패 불법을 저지르며 올바르지 못한 것
사사로이 공적이 아니라 개인적으로
분경 권력자의 집에 드나들며 관직을 얻기 위해 온갖 방법을 쓰는 것. '분추경리'의 줄임말
개국공신 나라를 새로 세울 때 큰 공을 세운 신하
호위 따라다니며 보호하고 지킴
세도 정치 왕의 신임이 두터운 신하나 친척이 권력을 휘두르며 나라를 다스렸던 조선 중기 이후의 정치 형태 중 하나
기승 기세가 꺾이지 않고 왕성하게 일어남. 흔히 '기승을 부리다'라는 표현으로 씀

1 아래 주어진 뜻에 해당하는 말을 글에서 찾아 쓰시오.

[뜻] 관직을 돈으로 사거나 파는 행위

_____

 2 밑줄 친 ㉠과 ㉡이 가리키는 것을 글에서 찾아 쓰시오.

㉠ : _____

㉡ : _____

 3 다음 중 글의 내용에 알맞지 <u>않은</u> 것은 무엇인가?

① 조선 시대에도 부정 청탁 문제가 있었다.

② 김영란법은 청렴한 사회를 만들기 위해 제정되었다.

③ 조선 중기에 왕권이 약화하면서 부정부패가 늘었다.

④ 분경 방지법은 모든 관리를 대상으로 하였다.

⑤ 분경 방지법을 만들었지만 실제로 지켜진 적은 없다.

 4 다음 중 '김영란법'과 '분경 방지법'의 <u>공통점</u>은 무엇인가?

① 법을 만든 목적 　　　　② 법을 만든 사람

③ 법을 만든 시기 　　　　④ 법을 만든 기관

⑤ 법에 따른 처벌

5 이 글을 통해 글쓴이가 독자에게 전하고자 하는 바는 무엇인가?

① 김영란법은 실제로 지키기에는 너무 어려운 법이다.

② 조선 시대의 분경 방지법이 무엇인지 알아야 한다.

③ 부정 청탁을 금지하는 법을 잘 지키기 위해 노력하자.

④ 부정한 청탁을 한 사람에게는 엄한 벌을 내려야 한다.

⑤ 청렴한 사회를 이루기 위해 더 많은 청탁 금지법을 만들자.

 6 아래 빈칸을 알맞은 말로 채워 글을 요약하시오.

부정 청탁이 없는 (　　　　　) 사회를 만들기 위해 '김영란법'이 만들어진 것
처럼, 조선 시대에도 이와 비슷한 법인 (　　　　　)이 있었다. 높은 벼슬에
있는 친척에게 사적으로 부정한 청탁을 하지 못하도록 막기 위한 법으로, 조선
초기에는 실제로 적용된 일화가 남아 있다. 그러나 (　　　　　)이 약해지기
시작한 조선 중기가 되어서는 세도 정치, (　　　　　), 부정 청탁도 많아졌
다. 이것으로 보아, 청렴한 사회를 만들려면 부정부패를 막는 법의 제정뿐 아
니라 스스로 법을 (　　　　　) 자세도 매우 중요함을 알 수 있다.

05

● 흥선대원군의 쇄국정책에 대해 들어본 적이 있나요?

조선 후기, 영국이나 프랑스를 비롯한 다른 나라들은 우리나라와 서로 필요한 것을 교환하며 거래하자고 요구했다. 이에 고종의 아버지로서 정사를 돌봤던 흥선대원군은 나라의 문을 열기 전에 스스로 힘을 키우는 것이 먼저라고 생각해 서양의 요구를 거절하고 나라 문을 굳게 닫는 쇄국정책을 시행했다. 하지만 고종은 서양의 앞선 문물을 받아들여 조선도 새롭게 발전해야 한다고 주장했다. 그 때로 되돌아가 어떤 이야기들이 오고 갔는지 살펴보자.

아직은 이르다!

개방해야 합니다!

흥선대원군 : 여러분! 혹시 저를 변화를 싫어하고 현실을 외면하고 있는 꽉 막힌 사람으로 생각하고 계십니까? 저도 처음에는 서양의 과학 기술이나 무기에 관심이 많았습니다.

(㉠) 우리나라는 아직 서양의 나라들과 대등하게 거래를 할 수 있는 상황이 되지 않습니다. 군사력도 서양 나라들과 비교할 수 없이 약한 상황입니다. 만약 우리가 스스로 힘을 키우지 않고 서양에 문호를 개방하면 우리의 이웃 나라인 청나라가 그랬듯 백성들의 삶이 망가지고 우리의 고유한 문화를 지켜나갈 수 없을 겁니다. 우선 서양과 교류하는 것보다 국가 경제를 안정화하여 백성들의 생활을 돌보고, 서양에 손해 보지 않고 거래할 수 있는 물품을 만들고 좋은 기술력을 키우는 것이 중요합니다. 그리고 서양과 대등하게 견줄 수 있도록 군사력을 키워야 합니다.

고종 : 여러분! 세상이 많이 달라졌음에도 우리 조선만 세상일에 눈과 귀를 닫고 있습니다. 저는 비록 지금 우리나라가 힘이 없지만, 주변 강대국 사이에서 살아남기 위해서는 강대국의 힘을 빌리면서 그런 나라들과 친하게 지내고 그들을 이용하는 것이 무조건 문을 닫는 것보다 더 현명한 방법이라고 생각합니다. 합당한 이유 없이 무조건 거부하면 다른 나라들과 갈등만 생길 것입니다.

그리고 저는 서양의 문물을 받아들인 이웃 나라 일본에 관리들을 보내어 어떻게 생활하는지 보고 오도록 하였습니다. 일본을 다녀온 관리들은 입을 모아 서양의 ㉡선진 문물을 받아들임으로써 그 나라가 얼마나 발전했는지 이야기하며 그곳의 제도, 무기, 근대 문물들을 소개해 주었습니다.
(ⓒ   ) 우리도 일본처럼 나라의 ㉣문을 열어 외국의 발달한 문물을 받아들여야 지금보다 발전할 수 있습니다.

여러분이라면 어떻게 하겠는가? 어려운 상황을 겪고 있는 나라의 안정을 택하겠는가, 아니면 선진 문물을 받아들여 빨리 나라를 발전시키는 것을 택하겠는가?

단어 뜻 보기
정사 정치 또는 행정상의 일
시행했다 제도나 법의 효력을 발생시켰다 ⑧ 시행하다
문물 정치, 경제, 예술, 법 등 문화에 속한 모든 것을 통틀어 이르는 말
대등 실력이나 조건, 능력 면에서 낫거나 못함이 없음
문호 외부와 교류하기 위한 통로나 수단을 비유적으로 이르는 말
개방하면 제한되어 있던 것, 금하고 있던 제약을 풀어 받아들이면 ⑧ 개방하다

1 이 글은 무엇에 관한 글인가?

① 서양과 교류를 해서는 안 되는 이유는 무엇인가?

② 서양 어느 나라와 외교 관계를 맺을 것인가?

③ 서양의 문물을 받아들여야 할 것인가 아닌가?

④ 조선은 왜 서양 문물을 빨리 받아들이지 않았는가?

⑤ 우리가 지켜야 할 고유한 문화에는 어떤 것이 있는가?

2 아래 주어진 뜻에 해당하는 말을 글에서 찾아 쓰시오.

[뜻] 문호를 굳게 닫고 다른 나라와 서로 교류하지 않는 정책

3 다음 중 빈칸 ㉠, ㉢에 들어갈 이어 주는 말을 적절히 짝지은 것을 고르시오.

㉠ — ㉢	㉠ — ㉢
① 또한 — 그러나	② 그리고 — 하지만
③ 그리고 — 게다가	④ 하지만 — 그러므로
⑤ 그렇지만 — 왜냐하면	

4 문맥상 밑줄 친 ㉢선진 대신 사용할 수 있는 낱말을 고르시오.

① 대등한   ② 고유한
③ 앞선   ④ 안정된
⑤ 약한

5 다음 중 '문'을 밑줄 친 ㉣과 같은 의미로 사용한 문장은 무엇인가?

① 비가 와서 문 앞에 서 있었다.
② 문이 고장 나서 열 수가 없다.
③ 축구 선수가 문을 향해 공을 찼다.
④ 우리나라에는 조선 시대에 세워진 네 개의 문이 있다.
⑤ 합격의 문을 열기 위해서는 공부를 열심히 해야 한다.

6 흥선대원군과 고종이 제시한 주장을 찾아 알맞게 연결하시오.

(1) 흥선대원군 •   • (가) 나라의 문을 개방해 서양의 문물을 받아들여야 한다.

(2) 고종 •   • (나) 나라의 문을 개방하기 전에 우리 힘을 키워야 한다.

7 아래 ㉠~㉤이 흥선대원군이 한 주장의 근거인지 고종이 내세운 주장의 근거인지 나누어 각각의 칸에 기호를 쓰시오.

㉠ 무작정 서양의 문물을 받아들이면 우리 고유의 문화를 지키기 어려울 수 있다.

㉡ 강대국 사이에서 살아남으려면 강대국의 힘을 빌리는 것이 중요하다.

㉢ 서양 강대국에 밀리지 않을 정도의 군사력을 먼저 키울 필요가 있다.

㉣ 일본처럼 서양의 선진 문물을 받아들여야 제도, 무기 등 여러 분야에서 발전할 수 있다.

㉤ 서양과 손해 보지 않고 교류할 수 있는 제품과 기술 개발이 우선이다.

흥선대원군	고종

● 700년 동안 팔만대장경이 온전히 보존된 비결은 무엇일까요?

〈가〉 6·25 전쟁 중 남한의 한 장군이 경상남도 가야산에 숨어 있던 북한군을 공격하기 위해 어느 절을 폭파하라는 명령을 받았습니다. 하지만 명령을 받은 장군은 절을 폭격할 수 없었습니다. 왜냐하면 그 절에는 소중한 문화유산이 보관되어 있었기 때문이었죠. 그때 지켜낸 절과 문화유산이 바로 해인사와 그 안에 보관된 팔만대장경입니다.

〈나〉 팔만대장경은 고려 시대에 만들어졌습니다. 당시 고려에는 외적의 침입으로 위기가 여러 번 찾아왔지요. 몽골의 계속된 침략으로 나라가 어지러워지자 고려의 지도층은 백성의 마음을 하나로 모아 나라를 안정시킬 필요를 느낍니다. 그래서 부처의 힘을 빌려 백성의 마음을 하나로 모으고 동시에 외적을 물리치겠다는 마음을 담아 불경을 목판에 새기기로 했습니다. 이렇게 만들어진 것이 팔만대장경이지요.

〈다〉 팔만대장경은 전쟁이 끝나고 나라의 안정을 원하는 간절한 마음을 담은 만큼 만들어지는 과정도 대단했습니다. 팔만대장경 제작을 담당하는 관청이 세워졌고 ㉠이를 중심으로 전국 각지의 목수, 승려, 필사가, 조각가들이 모였습니다. 목수들은 목판이 썩지 않도록 가공하였고 글씨를 쓸 필사가들은 한 사람이 쓴 것처럼 보이게 하기 위해 같은 글자체를 연습했다고 합니다. 승려들은 목판에 새겨질 글씨를 보며 틀린 내용이나 글자를 바로잡고, 조각가들은 목판에 글자본을 붙여 새기는 일을 했지요. 많은 사람의 노력과 염원을 담아 16년 만에 팔만대장경이 완성되었습니다. 한 장 한 장 마치 한 사람이 새긴 것과 같은 정교함과 아름다움이 돋보이는 팔만대장경은 잘못 기록되어 있는 글자도 거의 찾아볼 수 없다고 합니다.

〈라〉 그런데 팔만대장경에서 가장 주목할 점은 700여 년이 넘게 썩거나 나무의 뒤틀림 없이 온전히 보존되어 있다는 점입니다. 이것은 현대 과학 기술로도 쉽지 않은 일이지요. 팔만대장경이 고려 시대부터 오랜 기간 깨끗하게 보존될 수 있었던 비결은 무엇이었을까요?

〈마〉 팔만대장경의 장수 비결은 첫째, 목재 선정과 가공 과정에 있습니다. 30년에서 50년 자란 나무 중 형태가 곧고 옹이가 없는 나무를 선택하여 이것을 바로 사용하지 않고 바닷물 속에 1~2년간 담가 두고, 한 번 더 소금물에 삶고 건조하는 과정을 거쳤다고 합니다. 소금은 수분을 흡수하는 성질이 있어 경판이 갈라지거나 비틀어지는 현상을 줄일 수 있고, 벌레로부터도 보호할 수 있기 때문이지요.

〈바〉 둘째, 대장경판을 보관하는 장소에 보존 비결이 숨겨져 있답니다. 해인사 장경판 전에는 팔만대장경이 보존되어 있는데 이곳은 목판 보관에 알맞게 과학적으로 설계되 었습니다. 건물을 네 개의 방향으로 각각 마주 보도록 설계하여 해인사로 불어오는 바 람이 건물 자체에서 자연적으로 통하게끔 만들고, 창문에 창살의 크기를 다르게 해 공 기가 실내에 들어오면 아래위로 돌아 나가게 하여 실내 온도를 목판 보관에 적절하게 유지했다고 합니다. 또한 바닥에는 땅을 깊이 파서 숯과 찰흙, 모래, 소금, 횟가루 등을 뿌렸지요. ⓛ이는 자동으로 습도를 조절하는 역할을 합니다.

〈사〉 제작 과정부터 보존하는 원리까지 조상들의 지혜와 노력을 엿볼 수 있는 우리의 문화유산인 해인사 장경판전과 팔만대장경은 소중한 세계 문화유산이기도 합니다. 이 소중한 문화유산을 지속적으로 잘 보존하기 위해서는 우리의 노력도 필요하지요. 우 리의 문화유산을 소중히 여기고 지켜나가기 위해 지혜와 뜻을 모아야 할 것입니다.

단어 뜻 보기

불경 불교의 가르침을 모은 책
필사가 글자를 베끼어 쓰는 사람
가공 원료를 인공적으로 처리하여 새로운 제품을 만들거나 제품의 질을 높이는 일
옹이 나무의 몸에 박힌 가지의 밑부분
경판 나무나 금속에 불경을 새긴 판

★★
주제
이해하기 **1** 이 글에서 주로 다루는 내용이 무엇인지 빈칸을 채우시오.

☐ ☐ ☐ ☐ ☐ 의 ☐ ☐ 과정과

☐ ☐ 원리

★
내용
파악하기 **2** 6·25 전쟁 중 절을 폭격할 수 없었던 이유는 무엇인지 빈칸에 쓰시오.

우리의 소중한 문화유산인 ☐ ☐ ☐ 에

☐ ☐ ☐ ☐ ☐ 이 보관되어 있었기 때문에

3 각 인물이 팔만대장경을 만들기 위해 한 일을 알맞게 연결하시오.

(1) 목수　　•

(2) 필사가　•

(3) 승려　　•

(4) 조각가　•

　　　　　　　　　　　　　• (가) 목판에 들어갈 같은 글자체를 연습함

　　　　　　　　　　　　　• (나) 목판에 글자본을 붙여 새김

　　　　　　　　　　　　　• (다) 목판에 들어갈 내용을 점검함

　　　　　　　　　　　　　• (라) 목판이 썩지 않도록 함

 4 밑줄 친 ㉠과 ㉡이 가리키는 것을 글에서 찾아 쓰시오.

㉠ :

㉡ :

 5 팔만대장경을 만든 배경에 관해 정리한 아래 표의 빈칸을 알맞은 내용으로 채우시오.

(1)(　　　　)의 계속된 침략으로 나라가 어지러워짐	→	백성의 마음을 하나로 모아 나라를 (2)(　　　　)시켜야 했음

↓

(3)(　　　　　)의 힘을 빌리고자 목판에 (4)(　　　　)을 새겨 팔만대장경을 만듦

 6 경판용 나무를 바닷물에 담가 두고 소금물로 삶은 이유는 무엇인가?

① 나무를 부드럽게 만들어서 글자를 새기기 쉽게 만들려고

② 인도에서부터 내려온 전통적인 방법을 그대로 지키려고

③ 경판의 갈라짐과 뒤틀림을 줄이고 벌레를 막으려고

④ 수분을 흡수하고 있으면 불이 났을 때 잘 타지 않으므로

⑤ 모래, 수분, 소금을 흡수한 나무에 글자가 더 잘 새겨지므로

★★★ 내용 파악하기 7 팔만대장경에 관한 설명 중 바른 것에는 ○, 바르지 않은 것에는 ×를 표시하시오.

(1) 팔만대장경은 고려 시대에 제작을 시작하여 조선 초기에 완성되었다. (　　)

(2) 팔만대장경을 제작하기 위해 국가적으로 큰 힘을 쏟았다. (　　)

(3) 여러 사람이 관여해 많은 내용을 담았기 때문에 틀린 글자가 제법 많다. (　　)

(4) 해인사 장경판전은 습도와 실내 온도를 잘 조절할 수 있게 설계되었다. (　　)

(5) 자란 지 30년 이상 된 형태가 곧고 질 좋은 나무를 경판으로 사용하였다. (　　)

★★★ 문단 이해하기 8 아래 표는 글의 문단별 중심 내용을 정리한 것이다. 빈칸에 들어갈 알맞은 내용을 아래 상자에서 찾아 기호를 쓰시오.

〈우리의 소중한 문화유산이자 세계 문화유산인 팔만대장경〉

〈가〉문단	6·25 전쟁 때의 일화를 통해 팔만대장경 소개
〈나〉문단	
〈다〉문단	
〈라〉문단	팔만대장경의 우수한 보존 능력
〈마〉문단	
〈바〉문단	
〈사〉문단	팔만대장경의 가치를 언급하고 보존을 위한 노력 촉구

㉠ 팔만대장경의 보존 원리: 나무 선정과 가공 처리

㉡ 팔만대장경의 제작 이유

㉢ 팔만대장경의 보존 원리: 경판 보관 장소의 과학적 설계

㉣ 팔만대장경의 제작 과정과 들어간 수고

5과 과학과 환경

과학 기술의 발달로 우리의 생활은 더 편리하게, 그리고 더 급격하게 바뀌고 있습니다. 우리의 삶에 큰 영향을 미치고 있는 여러 과학 원리를 알아보고, 과학 기술의 발달이 환경에 어떤 변화를 끼치고 있는지도 살펴봅시다.

목표 다음 독해 기술을 이용해 봅시다.

- ☑ **낱말 이해하기**
- ☑ **내용 파악하기**
- ☑ **주제 이해하기**
- ○ 문단 이해하기
- ☑ **글의 구성 알기**
- ☑ **요약하기**
- ☑ **추론하기**
- ☑ **적용 및 문제 해결하기**
- ☑ **감상하기**

교과서 연계
- •[5학년 1학기] 과학 5단원 '다양한 생물과 우리 생활'
- •[5학년 2학기] 국어 7단원 '중요한 내용을 요약해요'
- •[6학년] 실과 '발명과 로봇 단원'

다음은 과학 기술의 발달이 우리 생활에 미치는 영향을 나타낸 것입니다.
각 과학 기술의 발달이 가져온 장단점을 알맞게 연결하시오.

1 스마트폰, SNS 등
정보통신기술의 발달

• (가)
[장점] 풍부한 전기 에너지를
제공
[단점] 방사능 오염으로 인한 환
경파괴로 생명을 위협함

2 교통 수단의 발달

• (나)
[장점] 시간과 거리의 제약이 사
라지고 의사소통이 편리
해짐
[단점] 개인정보 유출, 사생활
침해

3 원자력 기술 발달

• (다)
[장점] 사람이 하기 위험하거나
어려운 일을 대체함
[단점] 사람들의 일자리가 부족
해짐

4 로봇 기술의 발달

• (라)
[장점] 빠른 시간에 장거리를 편
하고 안전하게 이동할 수
있음
[단점] 대기 오염을 일으킴

마지막이야!
고생했어~

141

01

● 지구에서 꿀벌이 사라지면 어떤 일이 생길까요?

일요일 오후, 신문을 보고 계시던 아빠에게 민경이가 물었습니다.

"아빠! 조금 전 TV에서 환경 다큐멘터리를 보았는데, 꿀벌이 자꾸 사라지고 있대요. 꿀벌이 사라지면 인류도 멸망한다고 하니 아주 놀랍고 걱정이 돼요."

"꿀벌이 사라지고 있다는 것은 아빠도 알고 있단다. 공기 오염, 새로운 질병, 기생충, 각종 전자파 때문에 사라진다고 하더구나."

아버지께서 꿀벌이 사라지는 이유를 설명하시자 민경이가 다시 물었습니다.

"꿀벌이 사라지면 정말 인류도 멸망하나요?"

민경이의 질문에 한참을 고민하던 아빠가 대답했습니다.

"꿀벌이 사라지면 우선 우리가 먹는 꿀을 얻을 수 없게 되지. 그리고 꿀벌에 의해 수분을 하던 농작물들이 열매를 맺지 않게 돼. 사과, 수박, 딸기, 고추, 목화 등 많은 식물이 꿀벌의 도움으로 수분을 하고 있는데, 꿀벌이 없어지면 사람이 일일이 수분을 해 주어야 해. 그러면 당연히 사람들이 먹을 게 줄어들겠지. 그리고 목화 생산량도 줄어 면으로 된 옷을 입을 수 없게 돼. 이런 여러 가지 상황이 모이면 인간이 살아남기 어려워지지 않을까?"

"그렇겠네요. 아빠, 그럼 소중한 꿀벌을 보호하기 위해서는 어떻게 해야 할까요?"

"우선, 등검은말벌 같은 꿀벌의 천적을 없애는 방제 작업을 해야 하지 않을까? 등검은말벌 한 마리가 하루에 200~300마리나 되는 꿀벌을 잡아먹는다고 하는구나. 그리고 꿀벌에게 먹이를 제공하는 나무와 꽃을 많이 심고 가꾸는 노력도 필요하지."

"아빠, 저는 공기 오염을 줄이기 위해 가까운 곳은 걷거나 자전거를 타고 갈게요. 그리고 꿀벌을 위해 휴대폰도 필요할 때만 사용하고요. 이제 틈틈이 환경 보호에 관련된 책도 많이 읽어야겠어요."

"우리 민경이 덕분에 꿀벌들이 많아지겠구나! 하하하!"

단어 뜻 보기 수분 종자식물에서 수술의 꽃가루가 암술머리에 붙어서 열매를 맺는 현상
방제 농작물을 병충해로부터 예방하거나 구하는 일

1 다음 중 꿀벌이 사라지는 원인으로 언급되지 <u>않은</u> 것은 무엇인가?

① 공기 오염 ② 새로운 질병

③ 기생충 ④ 각종 전자파

⑤ 천적의 증가

 2 꿀벌이 사라지면 사람들이 받게 될 피해 <u>세 가지</u>를 정리하시오.

1. _____

2. _____

3. _____

3 글에서 꿀벌을 보호하기 위해 할 일로 제시하지 <u>않은</u> 것은 무엇인가?

① 천적을 없애는 방제 작업 실시

② 가까운 곳은 자전거 타기

③ 휴대폰 사용 시간 줄이기

④ 나무와 꽃 심고 가꾸기

⑤ 인구 증가 속도 조절하기

4 다음 중 글을 통해 알 수 <u>없는</u> 사실은 무엇인가?

① 꿀벌의 천적

② 꿀벌의 역할

③ 꿀벌의 종류와 크기

④ 꿀벌이 사라지는 이유

⑤ 꿀벌이 사라질 때의 피해

02

● 우리나라 동쪽 끝에 위치한 섬 울릉도에 가 본 적 있나요?

우리나라에서 독도와 함께 동해 끝에 위치한 울릉도. 사람들은 ㉠이곳을 신비한 화산섬으로 부른다. 화산섬 울릉도는 어떻게 생겨났을까?

울릉도는 섬 전체가 화산 활동으로 생겨난 지형이다. 약 250만 년 전부터 지구 내부에 녹아 있는 마그마가 분출하면서 쌓인 화산이 바다 위로 솟아올라 섬이 되었다. 실제 그중 3분의 1 정도만 바다 위로 드러난 것이라 하니 우리는 겉으로 드러난 울릉도의 일부만을 볼 수 있는 것이다.

울릉도는 화산이 분출한 분화구를 제외하고 해변이 모두 거대한 절벽을 이루는 것이 특징이다. 울릉도의 유일한 평지는 섬의 중앙, 바로 화산 꼭대기에 있다. 어떻게 화산 꼭대기에 평지가 만들어졌을까?

화산이 분출한 분화구였던 ㉡이곳은 화산 폭발이 끝난 후 마그마가 빠져나와 생긴 땅속 빈 곳이 산 정상의 무게를 이기지 못해 밑으로 내려앉으면서 만들어졌다. 이런 지형을 '칼데라'라고 부르는데, 우리나라에는 백두산과 울릉도에 칼데라가 있다. 두 지형에 차이가 있다면 백두산에는 물이 고여 '천지'라는 호수가 자리잡고 있다는 것이다. 약 2만 년 전까지 울릉도 칼데라에도 백두산 천지처럼 물이 가득 차 있었다고 전해지고 있으나 땅속에 흐르는 지하수를 제외하고는 현재 그 흔적을 찾아볼 수 없다.

하지만 ㉢이곳은 울릉도 주민들에게는 없어서는 안 될 소중한 삶의 터전이다. ㉣이곳이 없었다면 울릉도에는 사람이 살 자리가 없었을 것이다. 현재 ㉤이곳에는 1만 명 이상의 울릉도 주민들이 모여 살고 있으며 내부에 담긴 지하수는 울릉도의 중요한 수자원이자 에너지원으로써 활용되고 있다. 자연이 선물한 화산섬의 모습을 그대로 간직한 채 조화롭게 사는 신비의 섬 울릉도에 가 보자!

단어 뜻 보기
지형 땅의 형태
마그마 땅속의 뜨거운 열 때문에 액체 상태로 녹은 암석 물질
분출하면서 액체나 기체 상태의 물질이 솟구쳐서 뿜어져 나오면서 ⑳ 분출하다
정상 맨 위 꼭대기

1 밑줄 친 ㉠~㉤ 중 가리키는 대상이 <u>다른</u> 것을 고르시오.

① ㉠   ② ㉡   ③ ㉢   ④ ㉣   ⑤ ㉤

2 울릉도의 분화구와 백두산 천지의 공통점과 차이점을 빈칸에 쓰시오.

> 공통점
>
> 차이점

3 백두산 천지의 형성 과정에 맞게 아래 그림의 기호를 나열하시오.

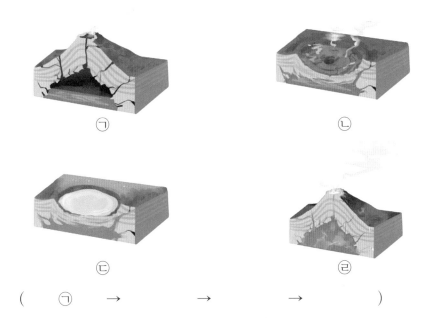

㉠

㉡

㉢

㉣

(㉠   →   →   →   )

4 다음 중 울릉도에 관한 설명으로 바르지 <u>않은</u> 것은 무엇인가?

① 울릉도는 화산 활동으로 생겨난 지형이다.

② 전체 크기의 3분의 1 정도만 바다 위로 드러나 있다.

③ 울릉도 해변 대부분이 거대한 절벽을 이루고 있다.

④ 울릉도의 분화구는 멋진 호수 경관으로 유명하다.

⑤ 울릉도의 지하수는 울릉도의 중요한 에너지원으로 활용된다.

03

● 일상생활 속에서 거미줄을 어떻게 쓸 수 있을지 생각해 봅시다.

〈가〉 영화 속 스파이더맨이 쏘는 거미줄의 위력을 현실 속에서도 체험하게 된다면 어떨까? 거미줄은 거미에게는 없어서는 안 될 생존 아이템이다. 거미는 거미줄로 집을 지으며 자신의 몸과 알을 적으로부터 보호한다. 또한 거미줄은 거미의 훌륭한 사냥 도구로, 주위를 날아다니는 많은 곤충이 거미줄에 걸려 거미의 먹잇감이 된다. 높은 빌딩 사이에서 거미줄을 쏘아 가며 이동하는 스파이더맨처럼 거미가 높은 곳에서 낮은 곳으로 이동할 때 밧줄로 이용하기도 하니, 사실상 거미줄이 없다면 거미는 단 하루라도 제대로 살아갈 수 없을 것이다.

〈나〉 거미줄이 이렇게 다양하게 쓰이는 이유는 무엇일까? 실제 거미줄은 매우 가늘지만 같은 지름을 기준으로 비교하면 강철보다 강도가 5배나 강하다고 한다. 또한 다른 물질에 비해 줄어들었다 늘어나는 신축성도 뛰어나다.

〈다〉 가늘고 잘 늘어나지만, 강철보다도 강하고 튼튼한 거미줄. 이러한 거미줄을 생활에서 활용하기 위한 시도가 이어지고 있다. 총알도 뚫지 못하는 가볍고 튼튼한 방탄복을 만드는 데 거미줄을 활용하거나 여러 가닥의 거미줄을 꼬아 튼튼한 바이올린 현을 만들고자 하는 것들이 그 예이다. 그 외에도 거미줄은 바닷속에서 사용할 수 있는 어망이나 스포츠 및 항공 우주 의류 등 일상 속 다양한 곳에서 사용될 것으로 기대된다.

〈라〉 (㉠) 이를 위해서는 거미가 생산하는 거미줄로는 한계가 있다. 사실 거미는 실을 많이 생산하지 않아서 거미줄을 충분히 얻을 수 없다. 현재까지 박테리아 또는 누에에 거미 유전자를 이식하는 등 다양한 방법이 시도되었지만 아직은 실생활에 적용할 만큼은 개발되지 않았다. (㉡) 언젠가는 과학 기술의 발전을 통해 영화 속 스파이더맨과 같이 인공 거미줄을 마구 만들어 낼 날을 기대해 본다.

단어 뜻 보기

강도 강한 정도
신축성 늘어나거나 줄어드는 성질
활용 여기저기에 잘 사용하는 것
방탄복 날아오는 탄알을 막기 위하여 입는 옷
어망 물고기를 잡는 데 쓰는 그물
이식하는 떼어 내어 다른 것에 옮겨 붙이는 ⑧ 이식하다

1 생활에서 거미줄을 활용할 수 있는 이유를 글에서 찾아 빈칸에 쓰시오.

거미술의 높은 ☐☐ 와 ☐☐☐ 때문에

 2 다음 중 빈칸 ㉠과 ㉡에 들어갈 이어 주는 말이 올바르게 짝지어진 것을 고르시오.

　㉠ — ㉡　　　　　　　　　㉠ — ㉡
① 하지만 — 그래서　　　　② 그러나 — 하지만
③ 그리고 — 그렇지만　　　④ 따라서 — 왜냐하면
⑤ 게다가 — 그러나

3 거미줄을 활용하여 만들려고 하는 제품으로 글에 언급되지 않은 것은 무엇인가?

① 어망　　　　　　　　② 바이올린 현
③ 스포츠 의류　　　　　④ 방탄복
⑤ 캠핑용 텐트

4 다음 중 이 글에 관한 내용으로 바르지 않은 것은 무엇인가?

① 거미줄은 거미가 사냥하거나 이동할 때 이용하는 도구이다.
② 거미줄은 같은 지름을 기준으로 강철보다 강도가 5배 정도 강하다.
③ 거미줄을 스포츠 및 항공 우주 분야에서 활용하고자 하는 시도가 있다.
④ 거미가 생산하는 거미줄의 양이 적어 실생활에서 사용하기는 어렵다.
⑤ 거미줄을 충분히 생산할 수 있는 기술이 현재 개발되어 제품이 만들어지고 있다.

04

● 유비쿼터스에 관해 들어본 적이 있나요?

〈가〉 선생님 : 여러분, 영화 속에서 주인공이 어떤 물건을 스마트폰에 찍어서 전송하면 멀리 떨어진 회의실의 대형 화면에 그 물건과 관련되어 소유자, 구매 경로, 구매 연도 등 다양한 정보가 한 번에 쫙 뜨는 것을 본 적이 있나요? 여러분이 영화 속에서 신기하게 봤던 장면들이 머지않아 실제로 일어날 수 있습니다.

〈나〉 우리 주변에 있는 모든 사물 속에 컴퓨터 기능을 넣고 네트워크에 연결, 시간이나 장소와 관계없이 이용할 수 있게 하는 통신 환경을 갖춘 유비쿼터스 시대가 열렸기 때문이죠. 사물마다 컴퓨터 기능이 있고 서로 연결되어 있기 때문에 그때 그때 필요한 정보나 서비스를 바로 받을 수 있어요. 눈에 보이진 않지만 언제 어디서나 인간을 도와주는, 공기처럼 보이지 않는 컴퓨터로 둘러싸인 세상. 유비쿼터스 시대에 우리는 어떤 모습으로 살게 될까요? 또한 유비쿼터스 시대에는 어떤 좋은 점이 있고 또 어떤 위험이 있을까요?

〈다〉 유나 : 저는 제가 유비쿼터스 시대에 살고 있다면 좋을 것 같아요. 아침에 일어나 학교에 가는 모습을 상상해 보세요. 제 나이와 건강 상태에 맞게 만들어진 아침을 먹고, 몸에 부착된 소형 컴퓨터 시계가 학교에 가기 전 준비물을 제대로 챙겼는지 점검해서 알려줘요. 또한 운전자 없이도 스스로 도로 상황에 맞춰 안전하게 운전하는 무인 자동 버스를 타고 학교에 가요. 저는 유비쿼터스 세상이 된다면 사람들이 언제 어디서나 자신이 원하는 서비스와 정보를 받을 수 있기 때문에 편리하고 안전한 생활을 할 수 있으리라 생각해요. 수시로 바뀔 수 있는 건강이나 안전 사고의 위험에 관한 정보가 유비쿼터스 환경 속에서는 곧바로 제공되어 우리가 확인할 수 있으니까요.

〈라〉 준열 : 하지만 저는 유비쿼터스 시대에 부작용도 많을 것으로 생각해요. 사람들은 자기가 할 수 있는 간단한 일조차 컴퓨터에 의존하게 되지 않을까요? 무엇보다 모든 정보가 공유되고 관리되기 때문에 정보가 유출되어 나쁜 용도로 사용되면 큰 범죄로 이어질 수도 있어요. ㉠그뿐만이 아니에요. 모든 것을 컴퓨터로 안전하게 관리한다고는 하지만 조금이라도 시스템에 오류가 있거나 오작동이 일어난다면 어떤 일이 벌어지게 될까요? 특히, 많은 차가 오고 가는 도로에서 말이죠.

〈마〉 선생님 : 유나 말처럼 유비쿼터스 시대를 통해 얻을 수 있는 장점들은 많아요. 하지만 준열이의 말도 마음속에 되새겨야 해요. 따라서 유비쿼터스 시대를 살아가는 우리는 ⟨　　　　　　　㉮　　　　　　　⟩ .

단어 뜻 보기

머지않아 가까운 미래에

부착 떨어지지 않게 붙여 둠

수시로 시간 날 때 언제든

유출 중요한 내용(물)이 외부로 새어 나가는 것

오작동 기계가 잘못 작동됨

되새겨야 계속 골똘이 생각해야 웹 되새기다

낱말 이해하기 ★ 1 '유비쿼터스'가 무엇인지 글에서 찾아 쓰시오.

_____

_____

문단 이해하기 ★ 2 아래 질문에 해당하는 문단의 기호를 쓰시오.

(1) 유비쿼터스 기술의 장점에 관해 설명하는 문단은 어느 것인가?   _____문단

(2) 유비쿼터스 기술의 뜻을 설명하는 문단은 어느 것인가?   _____문단

(3) 유비쿼터스 기술의 위험성에 관해 설명하는 문단은 어느 것인가?   _____문단

내용 파악하기 ★★ 3 다음 중 글을 읽고 알 수 <u>없는</u> 내용은 무엇인가?

① 유비쿼터스 기술의 의미   ② 유비쿼터스 기술의 영향

③ 유비쿼터스 기술의 장점   ④ 유비쿼터스 기술의 위험성

⑤ 유비쿼터스 기술의 경제적 가치

내용 파악하기 ★ 4 밑줄 친 ㉠그뿐에 해당하는 내용 두 가지를 글에서 찾아 쓰시오.

1.

_____

_____

2.

_____

_____

5 다음 중 빈칸 ㉮에 들어갈 말로 가장 적절한 것은 무엇인가?

① 유비쿼터스 기술을 쉽게 사람들에게 알려야 해요.

② 유비쿼터스 기술을 다양하게 개발하는 데 앞장서야 해요

③ 유비쿼터스 기술로 생길 미래 직업을 생각해 보아야 해요.

④ 유비쿼터스 기술의 장단점을 알고 바르게 활용할 수 있어야 해요.

⑤ 유비쿼터스 기술을 배워서 많은 사람에게 가르칠 수 있어야 해요.

6 〈보기〉의 내용을 글에 추가한다면 어느 문단에 들어가야 가장 어울릴지 고르시오.

〈보기〉 **유비쿼터스 헬스케어, 이제 집으로 찾아간다**

앞으로 의사의 진료를 받기 위해 병원을 찾는 수고를 들이지 않아도 될 것이다. 많은 병원에서 유비쿼터스 헬스케어 서비스를 내년 초부터 시행할 예정이기 때문이다. 유비쿼터스 헬스케어 서비스란 병원에서 이뤄지던 의료 서비스를 병원에 찾아갈 필요 없이, 사물 인터넷 등 IT 기술을 통해 언제 어디서나 받는 것을 뜻한다. 예를 들면, 환자들은 집에서 혈압계나 혈당계 등을 써서 자기 혈압과 혈당을 측정한 뒤 그 정보를 스마트폰 등을 이용해 원격진료 기관에 보내고, 기관은 환자가 보낸 데이터를 토대로 진단을 내리게 된다.

① 〈가〉　　　② 〈나〉　　　③ 〈다〉　　　④ 〈라〉　　　⑤ 〈마〉

7 다음 중 글을 제대로 이해하지 <u>못한</u> 친구는 누구인가?

① 동욱: 유비쿼터스 시대에는 현재 사람이 필요한 직업이 모두 사라지고 로봇이 인간의 자리를 대신할 것 같아.

② 유진: 유비쿼터스 시대에는 사람들의 정보가 지금보다 더 중요해질 텐데, 과연 그 정보 관리가 제대로 될까?

③ 세윤: 유비쿼터스 시대에는 주변의 모든 것에 컴퓨터 기능이 들어간다니 편리하긴 하겠지만 조금 무서울 것 같아.

④ 희윤: 유비쿼터스 시대에는 어쩌면 독립적이고 적극적인 인간으로 성장하기가 어려울 수도 있을 것 같아.

⑤ 경민: 유비쿼터스 시대에는 직접 가지 않아도 집에서 수많은 일을 처리할 수 있다는 게 신기해.

05

● 미세먼지 때문에 어려움을 겪었던 경험을 떠올려 봅시다.

아침에 마스크를 쓰고 학교나 회사를 가는 사람들의 모습, 일기 예보를 보고 수시로 미세먼지 농도를 확인하는 모습은 이제 더 이상 낯선 모습이 아니다. 미세먼지는 이제 한국인들의 삶에서 떼려야 뗄 수 없는 문제가 되었다.

흔히 미세먼지는 지름이 $10\mu m$(마이크로미터) 이하인 작은 먼지를 말한다. 보통 외부에서 몸속으로 들어오는 이물질은 코털이나 기관지에서 걸러지지만, 미세먼지는 크기가 너무 작아 호흡 기관을 그대로 통과해 몸속에 쉽게 쌓이고 다양한 질병을 일으키는 것으로 알려져 있으며, 2013년에는 1급 발암물질로 지정되었다. 도대체 미세먼지는 어디에서 발생하는 걸까?

미세먼지 문제를 중국 탓으로 돌리는 목소리가 있다. 우리나라와 가까이 있는 중국에서 발생한 미세먼지가 바람을 타고 우리나라로 날아온다는 것인데, 실제로 틀린 말은 아니나 그렇다고 중국 탓으로만 돌릴 수는 없다. 기존 연구 조사 결과에 의하면 우리나라 미세먼지 중 중국으로부터 비롯된 것은 30~40%이며, 크게 영향을 미칠 때도 50% 정도밖에 되지 않는 것으로 나타났다. 즉, 나머지 50~70%가 우리나라에서 발생한 미세먼지라는 것이다.

그렇다면 국내에서 미세먼지를 발생시키는 원인에는 어떤 것들이 있을까? ㉠첫째, 승용차를 비롯해 화물차, 건설 장비 등이 내뿜는 배기가스에서 나오는 미세먼지를 꼽을 수 있다. 실제로 도시 지역의 미세먼지 중 70% 이상은 이러한 교통수단에서 발생한다. 이를 줄이기 위해 버스나 지하철 등의 대중교통 이용을 권장하고 있지만, 버스는 물론이고 지하철에서도 미세먼지가 발생하기 때문에 대중교통 이용 권장을 넘어선 친환경 교통수단 개발 등의 장기적인 대책이 요구된다.

㉡둘째, 가정에서 발생하는 미세먼지도 있다. 가정에서 가스레인지, 전기 그릴, 오븐 등을 사용하여 요리할 때나 겨울철 난방을 위해 보일러를 사용할 때도 미세먼지가 발생한다. 가정에서 발생하는 미세먼지에 대해서는 잘 알려지지 않아 많은 사람이 집 안에 있으면 비교적 미세먼지로부터 안전하다고 생각하지만, 가전제품 사용 줄이기 등의 가정 내 미세먼지 발생을 줄이기 위한 노력을 실천해야 한다.

㉢셋째, 석탄 화력 발전소에서 발생하는 미세먼지가 있다. 우리나라의 총 전력 생산량 중 석탄 화력 발전소에서 만드는 전기는 약 40%를 차지하고 있다. 석탄 화력 발전은 연료비가 가장 적게 드는 발전 방법이며 안정적으로 전기를 공급할 수 있다는

장점이 있다. 하지만 다른 발전 방법보다 미세먼지를 많이 배출한다는 단점도 무시해서는 안 된다. 특히, 석탄 화력발전소에서 직접 배출되는 미세먼지는 공기 중으로 흘러나가 화학 반응을 일으켜 2차로 미세먼지를 만들 수 있기 때문에 더 심각하다. 따라서 친환경적인 발전 방법을 연구하여 석탄 화력 발전 대신 안정적으로 전기를 공급할 방법을 다양하게 만들어야 한다.

미세먼지는 우리가 극복해야 할 환경 문제이다. 미세먼지로부터 우리를 보호하고, 깨끗하고 맑은 하늘을 누리기 위해 개인과 나라 차원에서 큰 노력이 요구된다.

단어 뜻 보기

농도 어떤 성질이나 성분이 들어 있는 정도
이하 기준 숫자(정도)를 포함하여 더 적거나 그 아래
이물질 다른 물질 또는 성질이 불순한 물질
발암물질 암 또는 악성 종양을 일으킬 수 있는 물질
비롯해 처음으로 시작하여 ❀ 비롯하다

★★ 글의 구성 알기 1 밑줄 친 ㉠~㉢이 글에서 어떤 역할을 하는지 고르시오.

① 글이 순차적 구성임을 나타낸다.
② 글이 나열 구성임을 나타낸다.
③ 글이 대조 구성임을 나타낸다.
④ 글이 비교 구성임을 나타낸다.
⑤ 글이 원인과 결과 구성임을 나타낸다.

★★★ 내용 파악하기 2 글의 내용에 관한 설명으로 바른 것에는 ○, 바르지 않은 것에는 ×를 표시하시오.

(1) 미세 먼지는 지름이 10㎛ 이하인 작은 먼지이다. ( )
(2) 한국의 미세먼지의 대부분은 중국에서 날아온다. ( )
(3) 미세먼지는 크기가 작아 기관지에서 걸러지지 않는다. ( )
(4) 미세먼지는 2013년에 1급 발암물질로 지정되었다. ( )
(5) 집 안에서는 미세먼지가 별로 발생하지 않아 안전하다. ( )

3 석탄 화력 발전소 가동 시 얻는 장단점을 표에 정리하시오.

장점	
단점	

4 다음 질문에 답하여 아래 제시된 표를 알맞게 채우시오.

분류 기준: (㉮)

교통수단 사용에서 발생하는 미세먼지

가정에서 발생하는 미세먼지

㉯

(1) ㉮에 들어갈 분류 기준으로 알맞은 것은 무엇인가?

① 미세먼지의 농도　　　　② 미세먼지 예방법

③ 미세먼지의 위험성　　　④ 미세먼지 발생 원인

⑤ 미세먼지 측정 방법

(2) 글을 참조하여 ㉯에 들어갈 내용을 간단히 쓰시오.

---

5 미세먼지를 줄이기 위한 의견 중 적절한 것으로 보기 <u>어려운</u> 것은 무엇인가?

① 지애: 국가에서 화석연료를 가능한 한 쓰지 않는 친환경 교통수단을 개발해야 할 것 같아.

② 수정: 전기 생산을 위한 대체 에너지 기술을 개발하여 석탄 화력 발전소를 줄여야 해.

③ 재현: 텔레비전과 컴퓨터, 전자레인지 등 가전제품의 사용을 최대한 줄일게.

④ 리나: 중국에서 불어오는 바람을 막기 위해 큰 벽을 국경에 세우는 게 좋을 것 같아.

⑤ 도겸: 우리 가족은 자동차를 안 타고 대중교통 이용과 걷기를 습관화할게.

● 바다에 버려지는 플라스틱의 심각성에 대해 들어 본 적이 있나요?

1925년 처음 등장한 플라스틱은 쉽게 분해되거나 녹슬지 않는다는 장점 덕분에 식품, 화장품, 세제, 의약품 등 현대인의 생활 곳곳에 사용되고 있다. 하지만 반대로 생각해 보자. 플라스틱이 분해되지 않고 지구 어딘가에 계속 쌓인다면, 그리고 그러한 플라스틱이 실제 우리 눈에 보이지 않을 만큼 작다면 말이다.

5mm 미만 크기의 플라스틱 조각을 우리는 미세 플라스틱이라고 부른다. 이러한 미세 플라스틱은 너무 작아 하수처리시설에서 걸러지지 않고 하수구를 통해 바다와 강으로 그대로 유입된다. 우리도 모르는 새 강과 바다로 흘러가는 미세 플라스틱으로부터 환경을 보호하려면 미세 플라스틱이 어떤 점에서 위험한지 먼저 알아야 한다.

첫째, 강과 바닷속 다양한 수중 생물들이 미세 플라스틱을 섭취하거나 바다에 떠다니는 미세 플라스틱에 다칠 수 있다. 실제로 바닷새들은 반짝거리는 미세 플라스틱을 물고기 알로 착각해 먹고 있으며, 많은 물고기는 자기도 모르는 새에 미세 플라스틱이 비늘에 박혀 다치고 있다. 더 나아가 ㉠이것은 인간의 건강도 위협하고 있다. 미세 플라스틱을 먹은 강과 바다 생물들을 결국 인간이 먹기 때문이다.

둘째, 미세 플라스틱으로 우리가 마시는 식수까지 오염되고 있다. 연구 결과에 따르면 전 세계적으로 평균 약 83%의 수돗물에 눈에 보이지 않는 미세 플라스틱이 포함되어 있다고 한다. 점점 작아지고 눈에 보이지 않게 된 미세 플라스틱은 걸러지지 않기 때문에 우리가 마시는 물속에 포함되는 것이다.

셋째, 미세 플라스틱은 자석처럼 외부 오염물질을 끌어당겨 더 심각한 오염을 일으킬 수 있다. 미세 플라스틱은 스펀지처럼 독성 화학 물질을 흡수하는 성질이 있다. 이러한 독성 화학 물질에는 암이나 여러 병을 일으키는 독소가 많이 포함되어 있어서 인간에게 끼칠 수 있는 나쁜 영향이 몇 배로 강해진다고 볼 수 있다.

최근 10여 년 동안 생산된 플라스틱의 양은 이전 100여 년 동안 생산된 플라스틱 양보다 더 많다고 한다. 필요를 넘어서 지나치게 많이 쓰이고 있는 플라스틱. 우리의 강과 바다, 그리고 인류의 건강까지 위협하고 있는 플라스틱 사용을 줄여나가는 노력이 필요하다.

단어 뜻 보기
분해 한 종류의 물질이 두 가지 이상의 물질로 변화됨
미만 기준 숫자(정도)를 포함하지 않고 그 아래
유입 액체나 기체, 열 따위가 어떤 곳으로 흘러 들어감
섭취하거나 생물체가 양분 따위를 몸속에 받아들이거나 ⑧ 섭취하다

 1 '미세 플라스틱'의 뜻을 글에서 찾아 쓰시오.

_____

 2 밑줄 친 ㉠이것이 가리키는 대상으로 바른 것은 무엇인가?

① 바닷새
② 해양 생물
③ 물고기 알
④ 강과 바다
⑤ 미세 플라스틱

3 다음 중 글의 내용으로 바르지 <u>않은</u> 것은 무엇인가?

① 쉽게 녹거나 분해되지 않는 성질은 플라스틱의 장점이자 단점이다.

② 전 세계 여러 나라의 수돗물에서 미세 플라스틱이 검출된다.

③ 일반 하수 처리 시설에서 미세 플라스틱을 거를 수 있다.

④ 미세 플라스틱은 독성 물질을 흡수하는 성질이 있다.

⑤ 많은 수중 생물이 미세 플라스틱을 먹이로 착각해 먹는다.

4 다음 중 글쓴이가 주장하는 바는 무엇인가?

① 편리한 플라스틱의 사용을 더 늘려야 한다.

② 물에 잘 분해되는 플라스틱의 개발이 필요하다.

③ 미세 플라스틱에 오염된 물을 마시면 안 된다.

④ 플라스틱 사용을 줄여 환경을 보호하자.

⑤ 전 세계에 미세 플라스틱 사용의 위험성을 알려야 한다.

5 이 글에서 사용한 내용 전개 방식은 어떠한가?

① 미세 플라스틱을 걸러내는 과학적 원리를 순차적으로 썼다.

② 미세 플라스틱이 환경과 인체에 미치는 위험을 나열했다.

③ 국가별 미세 플라스틱의 처리 방식 차이를 대조하여 설명했다.

④ 일반 플라스틱과 미세 플라스틱의 특성을 비교하여 제시했다.

⑤ 전 세계에서 미세 플라스틱을 많이 사용하게 된 원인을 설명했다.

6 아래 표는 이 글의 개요를 정리한 것이다. 표의 ㉮, ㉯, ㉰에 들어갈 문단별 중심 문장을 글에서 찾아 쓰시오.

글의 처음 부분	핵심 글감 소개: 미세 플라스틱 주장 : 강과 바다로 흘러가는 미세 플라스틱으로부터 환경을 보호하려면 어떤 점에서 위험한지 먼저 알아야 한다.
글의 가운데 부분	주장에 대한 근거 • 근거 1 : 강과 바닷속 수중 생물이 미세 플라스틱을 섭취하거나 바다에 떠다니는 미세 플라스틱에 다칠 수 있다. • 근거 2 : ㉮ • 근거 3 : ㉯
글의 끝부분	주장 및 강조 : ㉰

㉮ :

㉯ :

㉰ :

정답과 해설

어떻게 **읽을까**
무엇을 **읽을까**

어떻게 읽을까

낱말 이해하기

16쪽

> 1 (1) 한 나라 안에서 표준으로 정해서 쓰는 말
> (2) 방언(또는 사투리)
> (3) 사투리

1 단서로 낱말 뜻 이해하기 (1) 둘째 문단에 '표준어는 한 나라 안에서 표준으로 정해서 쓰는 말'이라고 표준어의 뜻이 나옵니다.

(2) 첫째 단락에 '각 지방마다 쓰는 고유의 말을 방언'이라고 한다는 내용이 나옵니다. 따라서 정답은 '방언'입니다. 방언의 동의어인 '사투리'라고 해도 정답으로 인정합니다.

(3) 마지막 문단을 보면 연예인 김 모씨는 표준어가 다른 지방의 방언보다 더 좋다고 말할 수 없다고 하면서 "저는 제 사투리가 부끄럽지 않습니다"라고 말합니다. 이것으로 보아 '방언'과 뜻이 같은 낱말은 '사투리'임을 알 수 있습니다.

내용 파악하기

18쪽

> 1 (1) 엄마가 사다 두신 호떡을 오빠가 혼자 다 먹었다
> (2) ㉠: (땅의 수증기가 공중 위로 올라가 뭉쳐서 생긴) 구름
> ㉡: 구름에 모인 물방울들이 무거워져서 땅으로 떨어질 때
> 2 (1) 그렇지만 (2) 그래서 (3) 그리고 (4) 왜냐하면
> 3 ⑤   4 (1) 선인장, 멸종 (2) 해설 참조
> 5 사실: ㉠, ㉢, ㉤ / 의견: ㉡, ㉣, ㉥
> 6 (1) 사실: ㉡, ㉢ / 의견: ㉠, ㉣
> (2) ① × ② × ③ ○ ④ ×
> 7 (1) 먹이 사슬
> (2) ㉠: 분해자 / ㉡: 생산자 / ㉢: 최종 소비자
> (3) ①-(다) ②-(가) ③-(나) (4) 해설 참조

1 가리키는 대상 찾기 흔히 가리키는 대상은 가리키는 말 앞에 나옵니다. 밑줄 친 그 사실 앞을 살펴보면, '엄마가 사다 두신 호떡을 오빠가 혼자 다 먹었다'는 내용이 나옵니다.

(2) ㉠거기의 앞 내용을 보면 '땅의 물방울들이 수증기가 되면 공중 위로 올라가 뭉쳐서 구름이 된다'고 나옵니다. 이 내용을 쓰거나 간단히 '구름'이라고 써도 정답으로 인정합니다. ㉡이때가 가리키는 것도 앞에 나온 내용을 확인하면 알 수 있는데, ㉠이 가리키는 것을 올바르게 파악해야 정답을 쓸 수 있습니다. ㉡ 앞에 '거기(구름)에 계속 물방울들이 모이다가 무거워지면 땅으로 떨어집니다'라고 나오므로 '구름에 모인 물방울들이 무거워져서 땅으로 떨어질 때'라는 식으로 답을 쓰면 됩니다.

2 문장 관계 파악하기 '그렇지만'은 앞의 내용과 반대 또는 대립되는 내용이 뒤에 나올 때 쓰는 말입니다 . 앞뒤 문장의 연결 관계를 볼 때 가장 알맞은 것은 (1)입니다. '그래서'는 앞의 내용이 원인이 되어 뒤의 결과가 나온다는 것을 나타내는 말로, '그래서'가 들어가기에 가장 알맞은 것은 (2)입니다. '왜냐하면'은 어떤 일의 원인(이유)를 설명하는 문장 앞에 사용되는 말입니다. 이러한 특성을 생각했을 때 '왜냐하면'이 들어가기에 가장 알맞은 것은 (4)입니다. '그리고'는 앞에 언급된 내용에 더하거나 덧붙일 사항이 있을 때 쓰는 말입니다. '그리고'가 들어가기에 가장 알맞은 것은 (3)입니다.

3 이어 주는 말 짝짓기 빈칸에 어떤 이어 주는 말이 들어가야 알맞은지 알기 위해서는 앞뒤 문장의 관계를 파악해야 합니다. ㉠의 앞 내용은 '호두가 각종 혈관 질환을 예방하는 데 도움이 된다는 것'이고 뒤에는 '호두가 건망증 예방에 좋다'고 나옵니다. 호두의 장점을 하나

더 언급하고 있으므로, ㉠에는 '게다가' 또는 '그리고, 또한' 같은 말이 들어가는 게 알맞습니다. ㉡ 뒤를 보면 호두의 일일 섭취량에 관해 말하면서 호두를 많이 먹었을 때 발생할 수 있는 문제를 설명하고 있습니다. 장점 뒤에 문제점에 관한 설명이 나오므로, 앞과 반대되는 내용이 나옴을 알리는 '그러나, 하지만, 그렇지만' 등이 나오는 것이 알맞습니다.

④ 원인 파악하기 (1) 이 글은 '선인장'이 왜 '멸종' 위기에 빠졌는지 그 이유에 관해 설명하고 있습니다.

(2) '원인'이나 '이유'를 밝힐 때 흔히 나오는 문장 형태가 있습니다. '(왜냐하면/그 이유는) ~하기 때문이다', '~해서이다'와 같은 형태의 문장은 어떤 사건의 원인(이유)을 나타내는 것입니다. 글에서 찾으면 첫째, '선인장이 다양하고 예쁜 꽃을 피우기 때문에 사람들이 마구잡이로 선인장과 그 씨앗을 채집하고 있어서'이고, 둘째는 '사람들이 가축을 기르거나 기타 여러 목적으로 땅을 개발하면서 선인장 서식지가 파괴되고 있기 때문'입니다. 이 두 가지를 정리해서 쓰면 됩니다.

⑤ 사실과 의견 나누기 '사실'은 모든 사람들이 인정할 수밖에 없는 '객관적인 정보'이고, '의견'은 '주관적인 생각이나 의견, 느낌, 주장'입니다. 흔히 '~인 것 같다', '~라고 생각한다', '~여야 한다'와 같은 문장 형태를 갖는 문장은 '의견'을 표현합니다.

⑥ 정보의 성격 파악하기 (1) 글을 읽을 때 무엇이 객관적인 정보를 말하는 '사실'인지, 무엇이 글쓴이의 생각과 느낌, 의견, 주장을 나타내는 '의견'인지 구분할 줄 아는 것은 중요한 독해 능력입니다. 늑대가 멋진 동물이라는 주장에 관해서는 사람마다 의견이 다를 수 있습니다.

따라서 ㉠은 '사실'이 아니라 글쓴이의 '의견'이라고 보아야 합니다. ㉡은 글쓴이의 '의견'이 들어간 것이 아니라 늑대에 관한 관찰과 연구를 통해 알게 된 늑대의 특성에 관한 이야기이므로 '사실'입니다. ㉢ 또한 ㉡과 마찬가지로 늑대의 특성을 설명한 문장입니다. ㉣은 글쓴이의 주장, 생각이 담긴 '의견'입니다.

(2) 두 번째 문단에 글쓴이가 멋있다고 생각하는 늑대의 특성이 자세하게 소개되어 있습니다. 늑대는 가족에게 먼저 먹이를 양보하고, 사냥을 나가서는 가장 강한 상대를 먹잇감으로 골라 사냥하는 동물입니다. 그리고 암컷이 죽으면 혼자서 새끼를 키우다가 새끼가 독립하면 암컷이 죽은 곳으로 돌아가 거기서 굶어 죽는다는 내용으로 보아, 수컷 늑대는 평생 한 암컷과만 가정을 이룬다는 것도 알 수 있습니다. 성장해서 부모로부터 독립한 자식 늑대들은 종종 부모를 찾아가 안부를 확인할 정도로 부모 자식 간의 유대도 깊습니다.

⑦ 중요 정보 파악하기 (1) 첫 번째 문단을 보면 '생태계에서 생물들은 서로 먹고 먹히는 관계를 사슬처럼 맺는다'고 나옵니다. 풀을 사슴이 먹고, 그 사슴을 사자가 사냥하여 먹는다는 예를 들면서 그러한 관계를 '먹이 사슬'이라고 부른다고 설명하고 있습니다.

(2) 생태 피라미드의 가장 아래층에는 '분해자'가 있고, 그 위에는 '생산자'가 나옵니다. 생산자 위는 '1차 소비자', 그 위는 '2차 소비자', 그 위는 '3차 소비자, 마지막으로 피라미드의 가장 꼭대기 층에 '최종 소비자'가 있습니다. 생태 피라미드의 가장 아래층에서 위로 올라갈수록 점점 수가 줄어듭니다.

(3) 먼저, 생태 피라미드를 이해하여 (2)번 문제의 답을 정확하게 안 다음 글에서 각 층에 해당하는 생물을 찾으세요. ㉠은 '분해자'입니다. '분해자'의 예로 글에 언

급된 것은 '지렁이, 각종 균'입니다. 이것들은 죽은 생물의 몸을 먹고 토양의 양분으로 바꾸는 역할을 하지요. ㉡은 '생산자'로, 생산자에 해당하는 것은 '풀, 꽃, 나무'입니다. ㉢은 '최종 소비자'인데 '사람, 독수리, 사자, 호랑이'가 예로 글에 언급되어 있습니다.

(4) 1차 소비자, 2차 소비자, 3차 소비자의 예로 글에 소개된 생물이 무엇인지 그 정보가 나온 부분을 빨리 찾아 읽으세요.

1차 소비자	2차 소비자	3차 소비자
벌, 나비, 메뚜기, 토끼, 다람쥐	개구리, 사마귀, 제비	뱀, 늑대, 여우

<table>
</table>

독해기술 03 주제 이해하기

26쪽

1 (1) 사막화   (2) 사막화
2 (1) ③   (2) ⑤

1 짧은 글의 주제 알기 (1) 글에서 가장 자주 나오는 낱말은 '사막화'입니다.

(2) 이 글은 사막화의 뜻과 사막화가 진행되는 원인을 소개하고 있습니다. 따라서 글의 주제는 '사막화 현상'입니다.

2 긴 글의 주제 알기 (1) 농부는 며느리 중 누가 물려받은 재산을 잘 관리할 수 있는 지혜가 있는지 알고 싶어서 벼 낟알 하나를 이용해 며느리들을 시험했습니다. 첫째와 둘째 며느리는 시아버지가 준 벼 낟알을 하찮은 것으로 여기며 그 의도를 생각하지 않았지만, 막내 며느리만큼은 벼 낟알을 이용해 계속 재산을 불려서 논까지

사게 되었습니다. 농부는 첫째와 둘째 아들 부부가 살림 관리의 어려움과 중요성을 알게 되기를 바라는 마음에 집에서 내쫓았고, 그들이 나중에 집에 돌아왔을 때 재산을 셋이서 똑같이 나누게 했습니다. 따라서 틀린 설명은 ③ '농부는 첫째와 둘째 아들 부부에게 재산을 남기지 않았다'입니다.

(2) 농부의 첫째, 둘째 며느리는 벼 낟알 하나가 보잘것없는 것이라고 생각하여 버리거나 먹었습니다. 하지만 막내 며느리만큼은 그것을 준 시아버지의 의도를 깊게 생각했고, 하찮은 벼 낟알을 어떻게 잘 활용할 수 있을지 고민했습니다. 막내 며느리는 지혜롭게 벼 낟알을 사용해 재산을 불려 시아버지의 칭찬을 받았고, 시아버지의 재산까지 관리하게 됩니다. 이 이야기를 통해 우리는 '작은 것도 소중히 여기며 잘 이용하는 것이 중요하다'는 교훈을 배울 수 있습니다.

독해기술 04 문단 이해하기

30쪽

1 (1) ① 중심 ② 부연 ③ 부연 ④ 부연
　(2) ① 부연 ② 부연 ③ 부연 ④ 중심
2 (1) ④
　(2) 그런데 침팬지나 돌고래 못지 않게 까마귀도
　　지능이 높다고 한다.
　(3) ①, ④, ⑤
3 (1) ① 〈가〉 ② 〈다〉 ③ 〈라〉 ④ 〈나〉
　(2) 해설 참조
　(3) 자음: 발음기관의 모양 / 모음: 하늘, 땅, 사람
　(4) ④   (5) ②   (6) 백성, 훈민정음   (7) ③

1 문장의 역할 알기 (1) 밴드의 공연 소식을 전달하는 것이 목적인 글입니다. 따라서 가장 중요한 정보가 담긴 문장은 밴드 이름과 공연 날짜, 공연 장소를 공지한 ①입

니다. 나머지 문장들의 정보도 중요하긴 하지만, 결국 밴드가 하는 공연에 관한 부가적인 설명입니다.

(2) 중심 내용을 담은 문장은 ①입니다. '중력'의 뜻 설명이 주된 목적의 글로, 나머지는 중력의 뜻 설명까지 가는 데 도움이 되는 부연 설명일 뿐입니다.

② 중심 내용 파악하기 (1) 까마귀가 지능이 높다는 것을 예를 들어 설명하는 글입니다. 따라서 주제는 ④ '까마귀의 지능'입니다.

(2) 까마귀의 지능에 관해 글쓴이가 중점적으로 말하고자 하는 바가 무엇인지가 드러난 문장을 찾아야 합니다. 그것이 드러난 문장은 "그런데 침팬지나 돌고래 못지 않게 까마귀도 지능이 높다고 한다."입니다.

(3) 글에서 까마귀의 지능이 높다는 근거로 언급된 것은 '구멍 속 먹이를 꺼내려고 나뭇가지를 사용한다'는 것과 '껍데기가 딱딱한 나무 열매는 도로에 떨어뜨려 지나가는 자동차나 사람 때문에 껍데기가 깨지면 그 열매를 주워먹고', '까마귀가 3까지 숫자를 셀 줄 안다'는 것입니다.

③ 문단의 요지 이해하기 (1) 각 문단에서 중점적으로 설명하는 내용, 각 문단의 역할을 잘 이해하는지 확인하는 문제입니다. 〈가〉문단은 훈민정음을 만든 이유와 만든 사람을 소개했고, 〈나〉문단에서는 훈민정음 창제 과정에서 세종대왕이 얼마나 많은 반대에 부딪혔는지 알 수 있습니다. 〈다〉문단에는 훈민정음의 원리와 장점이 설명되어 있으며, 마지막 〈라〉문단에서는 훈민정음의 뜻과 세종대왕의 바람이 드러나 있습니다.

(2) 글쓴이가 전하고자 하는 핵심적인 내용을 담은 문장이 무엇인지 찾아봅시다. 〈가〉문단에서 가장 중요한 내용은 세종대왕이 '왜 훈민정음을 창제하였는지'입니

다. 그 이유에 관해 설명하는 문장은 "평생 글을 읽고 쓰지 못하는 백성들을 보고 안타까운 마음에, 저는 백성들에게는 배우기 쉽고 쓰기 편한 문자가 필요하다는 생각이 들었습니다."입니다. 〈나〉문단은 훈민정음 창제 과정에서 겪은 어려움에 관해 말하고 있습니다. 그러므로 중심 문장은 문단의 첫 문장인 "새로운 문자를 창제하는 과정은 쉽지 않았습니다."입니다. 〈다〉문단에는 훈민정음의 원리와 장점이 소개되어 있는데, 중요한 내용은 '훈민정음의 장점'입니다. 백성들이 배우기 쉽고 쓰기 편한 문자라는 것을 설명하고 설득하는 근거가 되는 "28개의 적은 글자로도 거의 모든 소리를 표현할 수 있고 누구나 배우기 쉽도록 체계적으로 만들어졌기 때문에 훈민정음은 과학적이고 합리적인 문자입니다."가 중심 내용을 담은 문장입니다. 글의 마지막 문단인 〈라〉는 훈민정음을 만든 이유와 세종대왕의 바람이 다시 이야기되고 있습니다. 따라서 "저는 이 훈민정음을 배워 백성들도 글을 읽고 썼으면 좋겠습니다."가 중심 문장입니다.

(3) 〈다〉문단의 첫째 줄에 훈민정음의 자음은 '발음기관의 모양', 모음은 '하늘, 땅, 사람'을 본 떠 만들어졌다는 내용이 나옵니다.

(4) 하나의 문단을 이루는 문장들은 중심 내용과 자연스럽게 연결되고 내용상 통일성을 갖추어야 합니다. ⑦∼⑩ 중에 문단 내의 통일성을 깨는 것은 "저희가 만든 이 문자의 힘을 두려워한 일본은 4백여 년 후 불법으로 우리나라를 지배하는 동안 이 문자를 없애려고 온갖 수를 썼습니다."라고 말하는 ⓔ입니다. 〈다〉문단은 훈민정음의 창제 원리와 가치를 설명하는 문단이므로 ⓔ은 어울리지 않습니다. 게다가 ⓔ은 세종대왕이 아니라 후대 사람이 알 수 있는 사실입니다.

(5) 〈나〉문단에 보면 훈민정음 창제를 반대하는 신하들

이 많았다고 나옵니다. 심지어 그들은 왕인 세종이 만드는 문자를 '언문'이라고 낮춰 부르기까지 했습니다.

(6) 세종대왕이 훈민정음을 창제한 이유와 훈민정음의 원리, 장점을 설명한 글입니다. 세종대왕은 일반 백성을 사랑하는 마음으로 '백성'을 위해, 한자보다 훨씬 글자 수가 적고 배우기 쉬운 새로운 문자인 '훈민정음'을 만들었지요. 이런 세종대왕의 마음을 드러내는 표현 '백성을 위한 문자 훈민정음'이 글의 제목으로 어울릴 것입니다.

(7) 이 글은 편지글의 형식을 빌어 세종대왕이 백성에게 '훈민정음의 창제 이유와 원리를 소개'하고 있습니다.

<독해기술>
05 글의 구성 알기

36쪽

1 (1) ③
(2) 대체 고양이는 왜 물을 적게 마실까요?, 그 이유는 ~때문이라고 합니다
(3) 해설 참조

2 (1) ②
(2) 첫 번째로는, 그다음으로는, 세 번째로, 마지막으로
(3) ③

3 (1) ④
(2) 어떤 점이 다른지 살펴볼까요?, (문어의 다리는 8개)인데 (오징어의 다리는 총 10)개입니다, (오징어는) ~지만 (문어는 ~), (오징어는 ~지지대가 있는) 반면 (문어는 지지대가) 없습니다, 오징어와 문어는 잡는 방법도 다릅니다, (문어는) ~ 하지만 (오징어는 ~)
(3) 해설 참조

4 (1) ④
(2) 심폐소생술은 어떻게 하는지 한 번 배워 볼까요?, 우선, 그 다음에는, 그런 후에는
(3) ⓒ → ⓔ → ⓐ → ⓓ → ⓑ

---

1 글의 구성 방식 알기 (1) 글에서 주로 다루는 내용은 '고양이가 물을 적게 마시는 이유'입니다. 따라서 이 글은 '원인과 결과' 방식으로 쓰인 글입니다.

(2) 글에서 가장 중요하게 설명하는 것이 고양이가 물을 적게 마시는 이유입니다. 이 글이 '원인과 결과' 방식으로 작성된 글이라는 것을 알려 주는 표현과 표시어는 이유를 묻는 '왜', '그 이유는 ~때문에…'입니다. 글에서 이런 표현이 나오는 부분을 찾아서 답으로 쓰면 됩니다.

(3) 두 번째 문단에 고양이가 물을 적게 마시는 이유가 나옵니다. '고양이가 아프리카의 메마르고 건조한 사막 지역에서 살다가 진화한 동물이기 때문'입니다. 그래서 물을 아껴 마셔야 했고 몸에 물을 효율적으로 보존하는 능력이 좋아졌는데, 그런 습성이 계속 내려온 것이지요.

2 글의 구성 방식 알기 (1) 한국의 대표적인 민속 놀이 네 가지를 소개하고 있으므로 ② '한국의 민속 놀이 종류를 나열했다'가 정답입니다.

(2) '첫 번째로는 ~, 그다음으로는 ~, 세 번째로 ~, 마지막으로 ~'란 표시어를 쓰면서 한국의 민속 놀이 네 가지를 소개하므로, 이 글이 '나열' 방식으로 쓰였다는 것을 알 수 있습니다.

(3) 제기차기를 설명하는 문단에 "제기차기에는 발 들고 차기, 양발 차기, 뒷발 차기 등 여러 방법이 있다."라고 나옵니다. 따라서 ③ '제기차기할 때 제기를 차는 방법은 하나로 정해져 있다'는 잘못된 설명입니다.

3 글의 구성 방식 알기 (1) '오징어와 문어의 차이점을 비교'하여 설명한 글입니다.

(2) "어떤 점이 다른지 살펴볼까요?"가 이 글이 오징어와 문어의 '차이점을 비교하여' 설명할 것임을 알려 줍니다. 글을 살펴보면 계속 오징어는 이러한데 문어는

저러하다 식으로 오징어와 문어를 비교하면서 차이점을 설명하고 있습니다.

(3) 오징어와 문어의 차이점을 잘 구분하여 표에 정리해 봅시다.

오징어	문어
• 다리 개수: (10)개 • 촉완 개수: (2)개 • 몸의 중심을 잡는 지지대: (있다)/ 없다) • 활동 공간: (바닷속)을 헤엄치며 산다. • 잡는 방법: 바다에 (미끼)를 던져 낚는다.	• 다리 개수: (8)개 • 촉완 개수: (0)개 • 몸의 중심을 잡는 지지대: (있다 /(없다)) • 활동 공간: 바다 (바닥)에서 산다. • 잡는 방법: 바다 (바닥)에 (통발)을 내려서 잡는다.

④ 글의 구성 방식 알기 (1) '심폐소생술을 하는 방법'을 설명한 글입니다. 이런 류의 글은 순서 설명이 뒤섞이면 안 됩니다. 즉, 이 글은 '순차적 구성' 방식으로 '심폐소생술을 하는 방법을 순서대로' 설명하고 있습니다.

(2) '순차적 구성'으로 작성된 글입니다. 이것을 나타내는 표현 및 표시어는 '심폐소생술은 어떻게 하는지 한번 배워 볼까요?', '우선', '그 다음에는', '그런 후에는'과 같은 것이 있습니다.

(3) 심폐소생술 순서는 다음과 같습니다. 환자를 바닥에 똑바로 눕히고 고개를 뒤로 젖힙니다(ⓒ). 턱을 앞으로 잡아 빼서 기도를 열어 준(ⓔ) 다음, 10초 간 환자가 호흡을 하는지 확인합니다(ⓐ). 환자가 호흡을 하지 않으면 환자 명치에 두 손을 포개고 강하게 누릅니다(ⓜ). 구급대가 올 때까지 가슴 압박을 계속합니다(ⓛ).

독해기술 06 요약하기

42쪽

1 (1) 해설 참조
2 (1) ⑤   (2) ⓒ → ⓔ → ⓐ → ⓜ → ⓛ

① 중요 정보, 핵심어 알기 (1) 글에서 중요한 정보와 핵심어를 파악하는 것은 요약할 때 꼭 필요한 능력입니다.

기원전 220년경, 그리스 시칠리아의 왕은 유명한 수학자 겸 물리학자였던 (아르키메데스)에게 왕관이 (금)으로만 만들어졌는지 확인할 방법을 찾아내라고 지시했다. 고민을 거듭하던 중, 씻기 위해 목욕탕에 들어갔던 아르키메데스는 자기 몸의 (부피)만큼 목욕통의 물이 넘치는 것을 보고 문제 해결 방법을 발견한 후 "유레카(알아냈다)!"라는 말을 남겼다고 한다. 아르키메데스는 왕관을 만들 때 들어가야 했던 양만큼의 (순금)을 물이 담긴 통에 넣은 후 물이 (넘친) 양을 쟀다. 그런 다음 왕관을 같은 양의 (물)이 담긴 통에 넣고 넘친 (물)의 양을 비교하여 왕관의 비밀을 풀었다.

② 사건 순서 정리하기 (1) 선택지를 보고 글에서 선택지의 내용이 나오는 부분을 빨리 찾아 선택지의 설명과 글의 내용이 일치하는지 확인하세요. 노인은 소로 변한 남자를 팔 때 이 소는 무를 먹으면 병이 나니 절대로 무를 주면 안 된다고 말했습니다. 그러므로 ⑤ '노인은 소가 사람으로 변하기 때문에 무를 먹이면 안 된다고 하였다'가 잘못된 설명입니다.

(2) 이야기를 읽을 때 발생한 사건을 미리 간략하게 표시해 두면 요약하는 것이 쉬워집니다. 글에서 어느 마을에 살던 게으른 남자가 아내의 잔소리를 피해 집을

나섰다가 한 노인이 준 쇠머리탈을 쓰고 소로 변해 매일 열심히 일할 수밖에 없는 상황이 그려집니다. 이 남자는 너무 힘이 들어서 며칠 쉬려는 생각에 무릎을 먹었는데, 이때 쇠머리탈이 벗겨지면서 다시 사람으로 돌아옵니다. 사람이 되자 남자는 집으로 돌아가 열심히 일하게 되었다는 것이 이 이야기의 요약입니다.

독해기술 07 추론하기

46쪽

1 (1) ② (2) ⑤

① 성격과 할 말 짐작하기 (1) 랍비는 제자들에게 자기가 산 것은 당나귀이지 다이아몬드가 아니라고 하면서 시장에 돌아가서 상인에게 다이아몬드를 돌려줍니다. 이것으로 보아 랍비는 굉장히 정직한 사람임을 알 수 있습니다. 따라서 빈칸 ㉮에 들어갈 말은 ② '내가 돈을 내고 산 것은 당나귀지 다이아몬드가 아니므로 나는 당나귀만 갖겠소'일 것으로 짐작할 수 있습니다. 상인은 랍비의 정직함에 큰 감동을 받았을 것입니다.

(2) 랍비의 말과 행동을 통해 랍비는 매우 '정직한' 사람임을 알 수 있습니다.

독해기술 08 적용 및 문제 해결하기

48쪽

1 (1) **읽음으로써** (2) **나로서는**
　 (3) **학생으로서** (4) **올해로써**

① 정보 적용하기 '적용하기 및 문제 해결하기'는 글에서 얻은 정보를 활용하여 다른 상황이나 문제에 적용하여 해결할 수 있는 능력입니다. 이것은 매우 높은 수준의 독해 능력입니다. (1)~(4)는 '~로서'와 '~로써'를 적절하게 구분하여 사용할 줄 아는지 묻고 있습니다. 글에 따르면 '~로서'는 '신분' 또는 '자격'을 나타내고, '~로써'는 '수단' 또는 '기준이 되는 시점'을 나타내는 표현입니다. 이 정보를 바탕으로 문제를 풀어 봅시다.

독해기술 09 감상하기

50쪽

1 (1) **슬프다** (2) **평화롭다**
2 (1) **어얼싸, 얼싸 좋네, 아 좋네, 에헤라** (2) ①

① 분위기 파악하기 글의 분위기를 파악하려면 글쓴이가 어떤 성격의 낱말을 선택했고, 어떤 어조인지 아는 것이 중요합니다. '눈물', '가슴이 찢어지는 것 같다' 등 (1)에 언급된 표현에서는 '슬픈' 감정이 느껴집니다.

(2) '한가로이', '엄마 품에서 새근새근 잠든', '여기가 천국이구나'와 같은 표현을 통해 느껴지는 분위기는 '평화로움'입니다.

② 민요 감상하기 (1) '어얼싸', '얼싸 좋네', '아 좋네', '에헤라'가 민요의 즐겁고 흥겨운 분위기를 잘 표현하고 있습니다.

(2) 화자는 돈바람이 불고, 흰 눈이 내리는 것을 보면서 "얼싸 좋네 아 좋네"라고 흥겹게 노래하고 있습니다. 화자는 각 상황을 보면서 무척 '신이 났을 것'입니다.

실전! 독해 테스트

1 **축제의 목적**　　　　2 ⑤
3 ②　　　　　　　　　　4 ③
5 ④　　　　　　　　　　6 **해설 참조**

1 `내용 파악하기` 세 번째 문단에 '축제의 목적'에 따라 축제의 종류를 나눌 수 있다는 내용이 나옵니다.

2 `내용 파악하기` 글에서 다루지 않는 정보나 내용이 무엇인지 파악하는 문제입니다. 이 글에서는 축제의 기원, 축제의 종류, 축제의 의미, 축제의 가치는 설명되어 있지만, 축제로 인해 얼마만큼의 '경제적 효과'가 발생하는지는 언급되어 있지 않습니다.

3 `내용 파악하기` 종교적 성격의 축제의 예로 든 것은 우리나라의 '강릉 단오제'와 페루의 태양제입니다. 축제는 개인이나 집단에게 의미 있는 시간을 기념하는 종교적 의식에서 출발하였으나, 오늘날에는 종교적 의식의 의미보다는 지역을 대표하는 문화로서의 의미가 더 크다고 나옵니다. 스페인의 토마토 축제는 지역의 음식을 활용한 축제이고, 영국의 에든버러 국제 페스티벌은 제2차 세계대전으로 상처받은 이들의 마음을 예술을 통해 치유하려는 목적으로 시작되었지만, 모든 예술 축제가 전쟁으로 희생된 사람들을 가리기 위해 시작된 것은 아닙니다. 매년 지구촌 곳곳에서 다양한 축제가 열리기는 하지만, 축제의 개수가 365개인지는 알 수 없습니다.

4 `문단 이해하기` 네 번째 문단은 지역의 음식을 활용한 축제를 예를 들어 소개하고 있습니다. 그런데 ⓒ '하지만 많은 사람들이 찾아오는 만큼 축제 후 생기는 많은 쓰레기는 어떻게 해결할 수 있을까요?'는 문단에서 설명하는 내용이 아닙니다. 그리고 ⓒ와 관련한 다른 부가적인 설명이 뒤에 나오지도 않습니다. 그러므로 ⓒ가 문단 내에서 글의 흐름과 통일성을 깨는 문장입니다.

5 `글의 구성 알기` 축제의 기원과 의미, 종류를 설명하면서 대표적인 축제의 예를 나열한 글입니다. '첫 번째', '두 번째', '세 번째'라는 표시어를 쓰면서 축제의 종류를 나열하고 있습니다.

6 `요약하기` 글을 읽을 때 중요한 정보를 미리 메모해 두면 수월하게 글을 요약할 수 있습니다.

축제의 종류	(1)(종교적) 축제 – 신을 기리거나 신에게 기원을 올림 – 지역 사람들의 마음을 하나로 모음 • 강릉 (2)(단오제) • 페루 태양제
	(3)지역 (음식)을 활용한 축제 – 지역의 대표 (4)(음식)을 맛봄 – 즐거운 볼거리가 있음 • 스페인 (5)(토마토) 축제 • 독일 맥주 축제 • 프랑스 레몬 축제
	(6)(예술) 축제 – 다양한 예술 작품의 (7)(아름다움)과 가치 공유 – 사람들의 (8)(문화) 수준 높임 • 프랑스 칸느 영화제 • 독일 바그너 음악제 • 영국 에든버러 국제 페스티벌

7 ⑤　　　　　　　　　　8 **해설 참조**
9 ⑤

7 추론하기 연설을 읽으면 연설자인 '나'는 흑인이며, 아직까지 흑인이 백인과 동등한 권리를 누리고 있지 못하고 큰 차별과 불평등을 당하고 있다는 것을 알 수 있습니다. 연설자는 이것에 관해 비판하고 있지만 "언젠가는 ~하리라는 꿈입니다"라고 말하면서 동시에 변화의 희망을 말하고 있습니다.

8 낱말 이해하기 '꿈'이 어떤 의미로 쓰였을지 문맥을 통해 짐작해 봅시다.

잠자는 동안에 깨어 있을 때와 마찬가지로 여러 가지 사물을 보고 듣는 정신 현상	( )
실현하고 싶은 희망이나 이상	(○)
실현될 가능성이 아주 적거나 전혀 없는 헛된 기대나 생각	( )

9 감상하기 연설자는 흑인을 상대로 차별과 불평등이 해결되지 않은 사회에 대해 비판하고 있지만, 공격적으로 말하거나 변하지 않을 거라고 생각하면서 낙담하고 있지는 않습니다. 또한 연설자 본인과 자기 자녀들이 처한 불평등한 현실을 건조하거나 중립적인 태도로 말하고 있지도 않습니다. 그렇다고 막연한 희망과 기쁨에 차 있지도 않지요. 연설자는 매우 '단호하고 명확하게' 자기가 꿈꾸는 사회의 모습과 변화에의 기대를 말하고 있습니다.

[10~15] 56~59쪽

10 ②
11 **쉽게 구할 수 없는 희귀한 자원인데다 고급 비료의 원료로 쓰였기 때문에**
12 **바닥을 드러낸 것**   13 ④
14 ⑤   15 ㉠, ㉣, ㉤

10 내용 파악하기 빈칸 ㉠ 뒤에는 나우루 국민에게 닥친 어려움과 시련에 관한 내용이 나오는데, 그 앞에는 나우루 국민들이 누린 편하고 호화로운 삶이 그려져 있습니다. 앞과 뒤의 내용이 서로 반대되므로 빈칸 ㉠에는 이어 주는 말로 '하지만, 그러나, 그렇지만'과 같은 말이 들어가는 것이 알맞습니다.

11 내용 파악하기 첫 번째 문단에 인광석의 가치가 설명되어 있습니다. 인광석은 '쉽게 구할 수 없는 희귀한 자원인데다 고급 비료의 원료로 쓰였기 때문에' 매우 가치 있는 자원이었습니다.

12 낱말 이해하기 세 번째 문단의 "무한할 줄 알았던 인광석이 30년이 지나 무분별한 채굴로 바닥을 드러낸 것이다."가 '고갈'의 뜻을 알려 주는 결정적인 단서로, 인광석을 계속 캐내면서 환경이 파괴되고 섬은 상처투성이가 되었습니다. 이에 따라 '고갈'의 뜻은 '바닥을 드러낸 것'이라고 미루어 짐작할 수 있습니다.

13 내용 파악하기 2천 년 넘게 외부 세계의 영향을 받지 않았던 나우루 공화국은 섬에 풍부하게 묻혀 있던 희귀한 자원인 인광석을 팔아 부유한 나라가 되었습니다. 국민들은 일도 하지 않고 호화로운 생활을 누렸으나, 무분별한 채굴 때문에 환경이 파괴되고 2003년 인광석이 다 없어지면서 극심한 가난 및 여러 어려움을 겪게 되었습니다. 나우루 국민들은 모든 것을 돈으로 해결하고 사치스럽게 살면서 일을 열심히 하지 않았습니다.

14 주제 이해하기 글쓴이는 나우루 공화국의 비극을 소개하면서 마지막에 "만약 나우루 국민이 자원이 주는 축복을 누리는 것만이 아니라 자원의 소중함을 알고 지켜

무엇을 읽을까

나가는 노력을 함께 실천했다면 어땠을까?"라고 글을 마무리 짓고 있습니다. 따라서 글쓴이가 주장하는 것은 ⑤ '자원을 아끼고 소중히 여기자'일 것입니다.

15 문제 해결하기 무분별한 자원의 채굴과 개발이 환경을 파괴할 뿐만 아니라 가난 및 다른 문제점을 발생시킬 수 있다는 것을 나우루 공화국 이야기를 통해 배웠으므로, 정부는 이것을 교훈 삼아 계획 없이 채굴하면 금방 금이 고갈될 것(㉠)임과 함부로 금을 파냈을 때 일어날 수 있는 환경 파괴 문제를 설명하면서(㉣) 금이 고갈되면 다시 가난해질 수 있음도 알려야(㉤) 할 것입니다.

1과 적성과 진로

배경지식 확인하기   63쪽

1 ㉤	2 ㉣	3 ㉢
4 ㉥	5 ㉠	6 ㉡

64쪽

01	1 ⑤	2 ④	3 ①
	4 (1) ○ (2) × (3) × (4) × (5) ○		
	5 어머니(또는 빌 포터의 어머니)	6 ④	

1 내용 파악하기 빌 포터가 태어났을 때 주위 사람들이 그의 부모에게 축하 대신 위로를 건넨 이유가 뒷 문장에 제시되어 있으므로, 원인과 결과를 나타내는 말인 '왜냐하면'이 들어가야 합니다.

2 내용 파악하기 빌 포터는 고객으로부터 수없이 거절 당할 때에 다음엔 더 좋은 물건을 가지고 찾아오겠다고 약속하며 발길을 돌렸지, 거절하는 고객에게 끝까지 물건을 홍보하여 판매하였다는 내용은 글에 나오지 않습니다.

3 추론하기 고객에게 거절당해도 항상 웃으며 대하고 고객 한 명 한 명을 나의 가족, 친구처럼 챙겼다는 점에서 빌 포터는 긍정적이고 친절한 성격임을 알 수 있습니다. 또한 매일 여덟 시간 동안 백여 곳의 집을 돌아다니며 고객을 찾아간 모습으로 보아 빌 포터는 꾸준하며 포기하지 않는 성격이라는 것을 짐작할 수 있습니다.

3 내용 파악하기 (1) 빌 포터는 처음에는 정식 직원이 아니라 한 달만 시험적으로 일하는 것으로 고용되었으나,

168

글의 마지막 문단에 나중에 미국 서부 지역 최고의 판매왕 자리까지 올랐다는 내용이 나옵니다. 이를 보아 결국 정식 사원이 되었음을 알 수 있습니다.

(2) 학교 친구들은 처음에 빌 포터의 비틀거리는 걸음걸이와 더듬거리는 말투를 매일 놀림감으로 삼았습니다. 빌 포터가 작은 일부터 하나씩 열심히 하여 잘하게 되자 함께하는 친구들이 생겨났습니다.

(3) 빌 포터는 물품 관리 일이 힘들어 얼마 되지 않아 그만두었습니다.

(4) 세 번째 문단을 보면, 빌 포터는 자기가 잘할 수 있고 좋아하는 일이 사람들을 돕거나 사람들과 진심으로 이야기 나누는 것임을 깨닫게 되었다는 내용이 나옵니다.

(5) 글의 마지막에 빌 포터는 미국 서부 지역 최고의 판매왕 자리에 올랐다는 내용이 나옵니다.

5 내용 파악하기 헬렌 켈러에게 설리번 선생님은 항상 사랑과 격려의 말을 해주었습니다. 빌 포터가 어려움을 겪으며 좌절했을 때 사랑과 격려의 말을 해 준 것은 '빌 포터의 어머니'였습니다.

6 주제 이해하기 이 글은 장애를 극복하고 꿈을 이룬 빌 포터의 이야기로, '꿈을 포기하지 않는 것의 중요성'에 관해 이야기하고 있습니다.

67쪽

02

| 1 ③ | 2 ② | 3 ④ |

4 면과 관련된 직업 – ㉠, ㉤
수프와 관련된 직업 – ㉣, ㉷
포장과 관련된 직업 – ㉡, ㉢

1 내용 파악하기 이 글은 라면 한 봉지에도 많은 분야의 사람들의 노력이 숨어 있다는 내용을 담고 있습니다. 따라서 이 글의 제목으로는 '라면에 관련된 다양한 직업'이 가장 잘 어울립니다.

2 낱말 이해하기 "~ 많은 사람의 손을 거쳐 만들어진 소중한 물건이 가득합니다"에 나오는 '손'은 신체의 일부가 아니라 '일을 해결하거나 처리하기 위한 수고와 노력'을 의미한다는 것을 짐작할 수 있습니다. 따라서 ②의 '노력'을 '손' 대신 쓸 수 있습니다.

3 내용 파악하기 네 번째 문단에서 "포장지는 얼마큼 질기고 튼튼한지가 가장 중요하지만, 포장지의 디자인에도 많은 연구와 노력이 들어갑니다."라고 나옵니다. 여기에서 라면 포장지의 디자인도 중요한 요소지만 가장 중요한 것은 포장지의 튼튼함이라는 사실을 알 수 있습니다. 따라서 '라면 포장지는 튼튼함보다는 사람의 시선을 끄는 디자인이 중요하다'라는 ④는 잘못된 설명입니다.

4 내용 파악하기 '면과 관련된 직업'에는 '밀을 재배하는 농부'와 재배한 밀을 가공하는 '제분 공장 직원', '수프와 관련된 직업'에는 수프에 들어갈 채소를 가공하는 '채소 가공업자'와 '수프 연구자'가 해당합니다. 마지막으로 '포장과 관련된 직업'에는 포장에 쓰일 비닐을 제조하는 '비닐 제조업자'와 포장지 디자인을 하는 '포장지 디자이너'가 해당합니다.

03

1 말라위 사람들은 대부분 가난과 기아, 전염병에 시달리며 어렵게 살고 있었고, 윌리엄 캄쾀바도 학비가 없어 다니던 학교를 그만두고 아버지를 따라 농장 일에 전념해야 했음(둘 중 하나만 써도 답으로 인정)

2 바람, 기계(풍차), 전기

3 ③　　　4 ②

5 ⓜ → ⓒ → ⓔ → ⓛ　　6 ①, ⑤

① 내용 파악하기 글의 밑줄 친 ㉠주어진 현실은 윌리엄 캄쾀바가 꿈을 이루기 어려웠던 원인입니다. '윌리엄 캄쾀바가 사는 말라위는 사람들 대부분이 가난과 기아, 전염병에 시달리며 어렵게 살고 있는 곳이었고, 그 또한 학비가 없어서 다니던 학교를 그만두고 아버지를 따라 농장 일을 해야' 했습니다.

② 내용 파악하기 윌리엄 캄쾀바는 말라위의 바람을 전기로 바꿀 수 있는 기계를 만들었습니다. 따라서 빈칸에 '바람'으로 돌리는 '기계(풍차)'를 만들어 '전기'를 생산해냈다고 쓰면 됩니다.

③ 내용 파악하기 윌리엄 캄쾀바는 꿈을 포기한 채 현실에 주저앉고 싶지 않았습니다. 비록 학교를 다닐 수는 없었지만 마을 도서관에 가서 항상 과학책을 빌려 공부를 했습니다. 이런 모습으로 보아 윌리엄 캄쾀바는 자기가 처한 '어려운 환경에서도 끊임없이 공부하기 위해 노력했음'을 알 수 있습니다.

④ 글의 구성 알기 글에는 윌리엄 캄쾀바의 어린 시절부터 과학자의 꿈을 이루기 위해 노력한 과정이 '시간의 흐름에 따라 순차적'으로 나타나 있습니다.

⑤ 요약하기 윌리엄 캄쾀바는 어릴 때부터 과학자가 되는 것이 꿈이었으나(㉠), 학비가 없어 다니던 학교를 그만두고 아버지의 농장 일을 도왔습니다(ⓜ). 하지만 그는 꿈을 포기하지 않고 마을 도서관에서 항상 과학책을 빌려 공부하던 중 〈에너지의 이용〉이라는 책을 읽고 말라위에 풍차를 만들기로 결심하였고(ⓒ), 버려진 재료들을 모아 풍차를 만들어 전기를 생산했습니다(ⓔ). 결국 그는 나중에 테드 강연에 출연하여 자기 이야기를 사람들에게 들려주었고(ⓛ), 과학자가 되기 위한 꿈을 이루기 위한 공부를 이어 나가고 있습니다.

⑥ 주제 이해하기 어려운 환경 속에서도 과학자가 되려는 꿈을 잃지 않고 노력한 윌리엄 캄쾀바의 이야기를 통해 얻을 수 있는 교훈은 ① '꿈을 포기하지 말고 꾸준히 노력하자'와 ⑤ '주어진 환경 속에서 꿈을 이룰 수 있는 방법을 찾아보자'입니다.

04

1 ④　　　2 ②

3 ㉠: 삶의 모습이 달라짐
ⓛ: 저출산과 노인 인구의 증가로 고령화 사회가 되어 있을 것
(㉠, ⓛ의 의미가 답과 같고 표현만 다르게 한 경우 답으로 인정)

4 ④

5 (1) ○ (2) ○ (3) × (4) × (5) ○

6 해설 참조　　　7 ⑤

8 (1) 노인 말벗 도우미
(2) 노인 전문 상담가
(3) 과학 기술 또는 의료 기술

1 주제 이해하기 이 글은 미래 사회의 변화에 따라 어떤 직업이 생겨나고 각광받을지에 관한 글입니다. 따라서 답은 ④ '미래 사회에 인기 있을 직업'입니다.

2 낱말 이해하기 앞 문장에서 미래 사회에 각광받을 직업이 바뀌고 있다고 말하였으므로 ㉡을 대신하여 쓸 수 있는 말은 ② '인기를 끌'입니다.

3 내용 파악하기 가리키는 말이 나타내는 대상은 흔히 앞 문장에서 찾을 수 있습니다. ㉠은 '(과학 기술 발달에 따른) 삶의 환경이 달라짐'을 뜻하며, ㉡은 '(미래 사회는) 저출산과 노인 인구의 증가로 고령화 사회가 되어 있을 것'을 가리킵니다.

4 내용 파악하기 ㉢이 속해 있는 문장 "이제 동물을 경제적인 이유로 이용하기보다는 가족처럼 함께 살아가는 동물로 생각하는 사람이 많아지고 있거든요"가 앞 문장 "둘째, 미래 사회에는 지금보다 반려동물과 관련된 직업이 더 많이 생겨날 거예요."의 '이유'를 설명하는 역할을 하고 있음을 알 수 있습니다. 따라서 들어가기에 알맞은 이어 주는 말은 ④ '왜냐하면'입니다.

5 내용 파악하기 (1) 미래 사회에서 각광받을 직업은 사회 변화에 따라 바뀌고 있으므로 현재와 크게 다를 수 있다는 내용이 첫 번째 문단에 나옵니다.
(2) 두 번째 문단을 보면 미래 사회에는 노인 말벗 도우미나 노인 전문 상담가와 같이 노인을 대상으로 하는 직업이 많아질 것임을 알 수 있습니다.
(3) 지금 우리 주변에서 흔히 찾아볼 수 있는 직업은 미래에 사라지거나 또 다른 모습으로 바뀌어 있을 수 있

다는 내용이 글의 마지막 문단에 나옵니다.
(4) 세 번째 문단에 보면, 미래에는 동물을 경제적인 이유로 이용하기보다는 가족처럼 함께 살아가는 동물로 생각하는 사람들이 많아지고 있어서, 반려동물 돌봄과 관련한 직업의 종류가 더 많아질 것이라는 내용이 나옵니다.
(5) 과학 기술의 발달에 따른 삶의 모습의 변화는 미래의 직업에 영향을 미치고 있다고 첫 번째 문단에서 소개합니다.

6 문단 이해하기 문단의 중심 내용은 문단의 처음 또는 끝에 나올 때가 많습니다. 해당 문단은 모두 문단의 처음에 중심 내용이 제시되어 있으며 뒤이어 부연 설명하는 문장(이유, 사례)이 나옵니다. 따라서 〈나〉문단의 중심 내용이 담긴 문장은 "첫째, 미래 사회에는 노인과 관련된 직업이 많이 생겨날 거예요."이고, 〈다〉문단은 "둘째, 미래 사회에는 지금보다 반려동물과 관련된 직업이 더 많이 생겨날 거예요."입니다. 〈라〉문단은 "셋째, 과학 기술의 발달에 따라 미래 사회에는 우리가 생각하지 못하는 직업이 생겨날 거예요."이며, 〈마〉문단의 요지가 담긴 문장은 "또한 미래에는 우주여행과 관련한 직업이 많이 생길 거예요."입니다.

7 글의 구성 알기 이 글은 미래에 각광받을 직업의 종류를 네 가지로 분류하여 '나열하고' 있습니다.

8 요약하기 고령화 사회 관련 직업으로는 '노인 말벗 도우미'와 '노인 전문 상담가'가 예로 제시되어 있습니다. 조직 공학자와 유전자 프로그래머는 '과학 기술' 발달과 관련된 '의료 기술' 분야의 직업에 속합니다.

05 도전! 긴 지문 읽기	**1** ①, ④ **2** 해설 참조
	3 (1) ㉠ (2) ㉣ (3) ㉢ (4) ㉤
	4 ② **5** ② **6** 세습
	7 ② **8** ⑤ **9** ③

1 ^{내용 파악하기} 이 글은 '조선 시대 광대가 어떤 역할을 했는지(전문 예술인, 문화 외교관, 사회 비평가, 군인)'와 '조선 시대 광대의 신분이 천민'이었음을 알려 주고 있습니다. 따라서 정답은 ①, ④입니다.

2 ^{내용 파악하기} 조선 시대 광대와 오늘날 연예인의 공통점은 타고난 끼와 재능으로 다양한 공연을 하며 사람들에게 즐거움과 감동을 주는 것, 다른 나라의 행사에 초청되어 우리나라의 우수한 문화를 알리는 것 등이 있습니다. 그 밖에도 글에 제시되어 있는 내용 중 역할이 서로 비슷한 부분을 찾았으면 답으로 인정합니다. 조선 시대 광대와 오늘날 연예인의 차이점으로는 신분제 사회였던 조선에서 광대는 제일 낮은 천민 신분이었고, 개인 재산을 가질 수 없었던 점 등을 들 수 있습니다.

공통점	타고난 끼와 재능으로 다양한 공연을 하며 사람들에게 즐거움과 감동을 줌
차이점	조선 시대 광대는 개인 재산을 가질 수 없었음

3 ^{내용 파악하기} 조선 시대 광대가 전국을 돌아다니며 탈춤, 줄타기, 판소리 등 다양한 공연을 선보인 것은 '전문 예술인'의 면모에 속하며, 전쟁 시 나라를 지키기 위해 나가 싸운 것은 '군인'의 역할에 해당하는 것이라고 볼 수 있습니다. 또한 서민을 괴롭히는 양반의 잘못을 널리 알리는 것은 '사회 비평가'의 역할이며, 다른 나라의 행사에 초청되어 우리의 우수한 문화를 알리는 것은 '문화 외교관'의 역할이라고 볼 수 있습니다.

4 ^{내용 파악하기} 신분제 사회였던 조선에서 천민인 광대 신분은 이어져 내려갔기 때문에 그들의 자손은 천민이었습니다. 천민인 그들은 토지 등의 개인 재산을 소유할 수 없었습니다. 출생과 사망 시, 그리고 지역을 이동할 때에도 나라의 관리를 받아야 했고, 과거 시험을 볼 자격도 주어지지 않았습니다. 그들은 함께 마을을 이루어 살면서 공연을 해서 얻은 수입을 나누어 썼습니다.

5 ^{추론하기} 뛰어난 광대들을 선별해 나라의 중요한 행사 때 공연을 맡겼다는 〈보기〉의 내용은 '다른 나라 행사에 초청되어 가서 우리나라의 문화를 알린 문화 외교관으로서의 역할'에 관한 이야기를 담은 〈나〉문단과 관련이 깊습니다.

6 ^{낱말 이해하기} "신분은 자손에게 세습되었어. 천민의 자식은 계속 천민이었지."라는 부분에서 '세습'이 '신분이나 재산 등을 자손 대대로 물려받는 것'을 의미함을 알 수 있습니다.

7 ^{추론하기} 글의 마지막 문단에 달문이가 "난 내가 비록 가장 낮은 신분이라고 해도 우리의 다양한 놀이 문화가 좋고, 우리가 많은 사람에게 준 즐거움과 위로는 오늘날 어느 연예인과 견주어도 뒤지지 않으리라 생각해."라고 표현한 것으로 미루어 짐작할 때 '광대라는 자기 직업에 자부심을 느끼고 있음'을 알 수 있습니다.

8 ^{글의 구성 알기} 이 글은 달문이의 입을 통해 '조선 시대 광대가 한 다양한 역할'을 소개하는 글로, 예시를 들어

조선 시대 광대의 역할을 '나열하고' 있습니다.

⑨ 감상하기 이 글에는 을묘왜변 때 광대들이 전쟁에 나가 큰 역할을 했다는 이야기가 나와 있지만, 조선 시대에 있었던 많은 전쟁에 관해서는 언급되어 있지 않습니다. 따라서 '조선 시대에 있었던 여러 전쟁을 한눈에 살펴볼 수 있어서 좋았어'라는 ③ '재성'의 감상은 적절하지 않습니다.

2과 사회와 생활

바르게 생각하고 행동하기   83쪽

1 (ㄴ)	2 (ㄱ)	3 (ㄴ)

84쪽

01	1 ③	2 ③
	3 존중	4 ⑤

① 내용 파악하기 첫 번째 문단 마지막 줄 "이렇게 다양해진 가족의 모습을 만나 볼까요?"를 통해 이 글은 다양한 형태의 가족, 즉 '가족의 종류'를 중점적으로 설명하고 있음을 알 수 있습니다.

② 내용 파악하기 밑줄 친 ㉠의 '혼인이나 혈연으로 맺어지지 않은 가족'에 해당하는 것은 ③ '입양 가족'입니다. 재혼 가족, 조손 가족, 다문화 가족, 노인 부부 가족은 모두 혼인 또는 혈연으로 맺어진 가족입니다.

③ 주제 이해하기 마지막 문단을 보면 '다양한 형태의 가족이 있을 수 있다는 것을 알고 이러한 다양함을 존중하는 마음가짐이 필요하다'고 나옵니다. 따라서 빈칸에 들어갈 말은 '존중'입니다.

④ 적용하기 이 글의 주제는 '오늘날의 다양한 모습의 가족 존중하기'입니다. ⑤는 '누군가와 함께 사는가는 서로 다를 수 있지만 가족끼리 서로 사랑하는 마음은 다르지 않다'는 문구를 통해 다양한 모습의 가족을 인정하자는 내용을 전달하고 있습니다. ①은 '효도를 실천하자', ②, ③, ④는 '가족을 아끼고 사랑하자'라는 내용입니다.

86쪽

02	1 ⑤	
	2 서로 도움이 필요할 때 대가 없이 도움을 주고받는다는 점	
	3 ④	4 ③

① 내용 파악하기 옛날부터 이어져 내려오던 '품앗이'와 '두레'라는 풍습을 설명한 뒤에 오늘날은 이러한 풍습이 사라진 지 오래라고 나오는 것으로 보아, 앞뒤로 서로 상반된 내용이 제시될 때 쓰는 말인 '그러나' 또는 '하지만'이 ㉤에 들어가는 것이 맞습니다. '그리고'는 앞의 문장에 내용을 덧붙일 때 사용하는 말입니다.

② 내용 파악하기 세 번째 문단 마지막 문장을 통해 시간 은행, 두레, 품앗이는 '서로 도움이 필요할 때 대가 없이 도움을 주고받는다는 점'에서 비슷하다는 것을 알 수 있습니다.

3 내용 파악하기 시간 은행은 돈이 아니라 도움이 필요한 사람이 봉사한 시간을 저축하고 나중에 도움이 필요할 때 자기가 저축한 시간만큼 사용할 수 있습니다. 시간 은행에서는 나이, 직업, 피부색과 상관없이 한 시간을 똑같이 계산하며, 시간 은행을 이용하는 사람들은 도움을 받을 때보다 도움을 줄 때 더 큰 기쁨을 느낀다고 합니다. 시간 은행은 일방적으로 도움을 주거나 도움 받는 것을 제한한다는 내용이 나와 있으므로 ④ '도움을 주거나 도움을 받는 것 중 하나만 택할 수 있다'는 잘못된 설명입니다.

4 추론하기 마지막 문단을 보면 이웃 간에 도움을 주고받았던 옛날과 달리 오늘날 사람들은 다른 사람을 돕는 것뿐만 아니라 다른 사람에게 도움을 받는 것도 어색해한다고 나옵니다. 두레와 품앗이를 통해 공동체를 튼튼히 유지해 나갔던 조상들이 오늘날 사람들에게 전할 말은 아마도 이웃 간 서로 돕는 일의 가치를 이야기한 ③일 것입니다.

88쪽

03

1	⑤		2	②
3	(1) ✕ (2) ○ (3) ○ (4) ✕ (5) ○			
4	③		5	⑤
6	⑤		7	②

1 내용 파악하기 가온이가 사람들이 주는 약을 먹거나 주사를 맞아야 했던 이유는 사람에게 쓸 신약이 안전한지 알기 위해 사람 대신 실험을 당한 것이었다는 내용이 〈나〉 문단에 제시되어 있습니다.

2 내용 파악하기 실험에 참여할 때마다 아프고 고통스러워 멈춰 달라고 했다는 내용 뒤에, 사람들이 고통을 줄여 주었던 것이 아니라 어떤 고통을 얼만큼 느끼는지 계속 조사했다는 서로 반대되는 내용이 나온 것으로 보아 ⓒ에 들어갈 말은 ② '하지만'임을 알 수 있습니다. '하지만'은 서로 반대되는 사실을 나타내는 두 문장을 이어 줄 때 쓰는 말입니다.

3 내용 파악하기 (1) 가온이는 태어나자마자 실험실로 옮겨졌다고 〈가〉문단에 나옵니다. 실험실에서 가족들과 함께 지냈다는 내용은 나오지 않습니다.
(2) 〈가〉문단에 "5년 만에 세상 밖으로 나와 처음 땅을 밟아본 실험용 비글이죠."라고 나옵니다.
(3) 하늘이는 가온이와 같은 날 실험실에 들어와 서로 의지했던 친구라는 내용이 〈다〉문단에 나옵니다.
(4) 글의 마지막 문단인 〈마〉를 보면 실험실에서 보호소로 옮겨진 가온이는 보호소에서 어떤 아저씨의 도움을 받아 세상으로 나올 수 있었고, 그곳에서 지금의 가족을 만났다고 나옵니다. 보호소에서 지낼 때 지금의 가족을 만난 것이 아닙니다.
(5) 가온이는 사람에게 쓸 신약이 안전한지 알기 위해 사람 대신 실험 대상이 되었던 실험용 비글입니다.

4 추론하기 실험을 마치고 하늘이와 같은 곳으로 보내졌다가 탈출한 친구의 말 "그곳에 가면 정말 무서운 주사를 맞게 되는데, 그 주사를 맞은 동물은 모두 잠시 후에 죽는 것을 보았어."를 통해 하늘이는 주사를 맞고 세상을 떠났음을 짐작할 수 있습니다.

⑤ 문단 이해하기 〈마〉문단의 마지막 문장 "여러분, 나는 실험용 비글 가온이가 아니에요. 나는 사람들의 사랑을 받고 행복하게 살 자격이 있는 소중한 비글 가온이에요."에 가온이의 주장이 드러납니다.

⑥ 주제 이해하기 가온이 이야기를 통해 글쓴이가 전하고 싶어하는 내용은 마지막 문단 가온이의 말에 잘 나타나 있습니다. 따라서 정답은 ⑤ '동물도 생명체이므로 동물의 생명을 소중히 여기고 보호해야 한다'입니다.

⑦ 감상하기 이 글은 실험용 비글 가온이의 입을 빌려 동물 실험의 부정적인 측면을 드러내며 반대하는 내용을 전하고 있습니다. 따라서 글쓴이는 '동물 실험에 관해 비판적임'을 알 수 있습니다.

91쪽

04	1 ① 2 ④
	3 ㉠: 탕러우쓰 ㉡: 우리나라 사람의 입맛에 맞게 해산물과 매운 고춧가루를 넣음
	4 ⑤

① 주제 이해하기 글의 첫 문단과 전체적인 내용을 살펴보면 우리나라에서 먹는 짜장면과 짬뽕이 어떤 과정을 거쳐 현재의 모습과 맛이 되었는지를 알 수 있습니다. 따라서 이 글은 '한국의 짜장면과 짬뽕의 유래'에 관해 설명하는 글입니다.

② 내용 파악하기 짜장면보다 해산물이 들어간 짬뽕이 건강에 더 좋다는 내용은 글에 제시되어 있지 않으므로 정답은 ④입니다. 짜장면과 짬뽕은 모두 중국에서 시작

되어 우리나라로 전해지며 우리나라 사람들 입맛에 맞게 변형된 음식이므로 ①과 ②는 바른 설명입니다. 짬뽕은 중국의 '탕러우쓰'라는 국수에서 시작되어 일본을 거쳐 우리나라에 소개된 것이므로 ③의 설명도 맞습니다. 중국의 짜장면은 중국식 된장을 넣고 기름에 볶은 길거리 음식이므로 ⑤도 바른 설명입니다.

③ 내용 파악하기 세 번째 문단은 짬뽕에 관해 자세하게 설명하고 있습니다. 중국 사람들은 돼지고기, 채소, 버섯을 볶아 맑은 국물을 넣어 '탕러우쓰'라는 국수를 만들어 먹었습니다. 따라서 ㉠에 들어갈 말은 '탕러우쓰'입니다. 이후 탕러우쓰는 일본으로 건너갔고, 일본 사람들 입맛에 맞게 바뀌어 '찬폰'이라는 이름으로 팔렸습니다. 일제강점기에 일본 사람들이 한국에 이 찬폰을 들여왔는데, 평소 매운 것을 즐겨 먹는 우리나라 사람의 입맛에 맞춰 해산물과 매운 고춧가루를 넣으면서 요즘 우리가 먹는 얼큰한 짬뽕이 만들어졌습니다. 따라서 ㉡에는 '우리나라 사람의 입맛에 맞게 해산물과 매운 고춧가루를 넣음'이라고 쓰면 됩니다.

④ 주제 이해하기 글의 마지막 문단에서 글쓴이는 다른 나라의 문화를 받아들이고 각 나라의 상황에 맞게 재창조하려는 열린 마음을 가져야 더 다양한 문화를 누릴 수 있다고 이야기합니다. 따라서 정답은 ⑤ '다른 나라의 문화를 열린 마음으로 받아들이고 재창조하면 우리의 문화가 될 수 있다'입니다.

05
도전!
긴 지문
읽기

1 ④
2 뉴욕 주 아이슬립 지역에서 배출한 쓰레기를 대신 처리해 줄 지역을 찾기 위해
3 지역 간 균형 발전을 늦추고 지역 간의 갈등을 일으킬 수 있다는 문제
4 ①
5 이익, 조화
6 (1) × (2) × (3) × (4) ○
7 ⓒ, ②
8 해설 참조

① 내용 파악하기 글에 '지역 이기주의의 필요성'의 내용은 나오지 않습니다. 따라서 정답은 ④입니다. 지역 이기주의의 정의(다른 지역의 이익은 돌아보지 않고 자기 지역의 이익만 추구하는 태도), 지역 이기주의의 종류(님비현상, 핌피현상), 지역 이기주의 사례(미국의 아이슬립 및 우리나라 사례), 지역 이기주의의 해결 방법(공공의 이익과 개인의 이익을 조화롭게 하는 것)은 글에 제시되어 있습니다.

② 내용 파악하기 1987년 3월 미국 뉴욕 주 아이슬립에서는 이 지역에서 배출한 쓰레기를 처리할 시설을 세우려고 했으나 지역 주민의 반대에 부딪혔습니다. 이에 따라 쓰레기를 대신 처리해 줄 다른 지역(미국 남부 6개 주, 중남아메리카)을 찾아갔습니다.

③ 내용 파악하기 밑줄 친 ㉠이러한 문제 앞에 지역 이기주의가 일으키는 문제점이 언급되어 있습니다. '지역 이기주의는 지역 간 균형 발전을 늦추고 지역 간의 갈등을 일으킬 수 있다는 문제점이 있다'고 나오므로 이 내용을 답으로 쓰면 됩니다.

④ 낱말 이해하기 밑줄 친 ㉡열쇠는 '어떤 일을 해결하는 데 필요한 가장 중요한 방법이나 요소'를 의미합니다. ②, ③, ④, ⑤의 '열쇠'는 문맥상으로 볼 때 각 문장에서 '~하는 방법 또는 해결 방법'을 의미하고 있지만, ①의 '열쇠'는 '자물쇠를 잠그거나 여는 데 사용하는 물건'입니다.

⑤ 내용 파악하기 글의 마지막 문단에 지역 이기주의는 '자기 지역의 이익만 추구하는 태도를 의미'한다고 제시되어 있으며, '공공의 이익과 개인의 이익을 조화롭게 하는 것'이 지역 이기주의를 해결하는 방법이라고 나옵니다.

⑥ 내용 파악하기 (1) 지역 이기주의에는 '님비현상'과 '핌피현상'이 있습니다. 따라서 님비현상만 지역 이기주의라고 할 수 없습니다.

(2) 아이슬립에서 배출된 쓰레기를 처리해 줄 다른 지역을 찾지 못하자, 아이슬립 사람들은 결국 자기 지역에 쓰레기 처리 시설을 세우기로 결정하였습니다. 대신 그에 상응하는 보상을 정부로부터 받기로 했습니다.

(3) 2002년에 우리나라에서 월드컵이 개최되었을 때 각 지역에서는 자기 지역에 월드컵 경기장을 짓기 위해 많은 노력을 기울였습니다. 이는 지역 경제에 도움이 되는 시설을 자신들의 지역에 세우려는 지역 이기주의의 한 현상인 '핌피현상'에 속합니다. 따라서 우리나라에서는 지역 이기주의 현상이 발생하지 않았다는 설명은 알맞지 않습니다.

(4) '핌피현상'은 지역 경제에 도움이 될 만한 시설을 지역에 세우려는 지역 이기주의를 의미합니다.

⑦ **문제 해결하기** 글의 마지막 문단에서 지역 이기주의를 해결하려면 공공의 이익과 개인의 이익을 조화롭게 하며, 지역 주민들의 의견을 충분히 수렴하고 그에 따른 대책이나 보상을 제공하여 지역 내 갈등을 극복하는 지혜를 발휘해야 한다고 이야기합니다. 이것을 바탕으로 〈보기〉의 문제 상황을 해결할 수 있는 바람직한 방법은 ⓒ '주민들이 입게 될 피해에 대해 금전적 보상을 약속한다'와 ⓔ '주민들의 피해를 최소화하기 위한 대책을 수립한다'입니다. ⓐ과 ⓒ은 공공의 이익과 개인의 이익의 조화를 추구하고 지역 주민들의 의견을 충분히 수렴하는 자세로 볼 수 없습니다.

⑧ **요약하기** 글에서 찾은 말로 표의 빈칸을 채워 글을 요약하면 아래와 같습니다. 다른 유사한 뜻의 말을 써도 되지만 '글에서 찾은 알맞은 말로' 표의 빈칸을 채우라고 했으므로 되도록 글에서 알맞은 말을 찾도록 합시다.

	님비현상	핌피현상
뜻	자기 지역에 특정 (1)(공공시설물)이 생기는 것을 (2)(반대)하는 지역 이기주의	무조건 자기 지역에 (3)(시설)을 (4)(유치)하고자 하는 지역 이기주의
예시	미국 아이슬립 지역의 (5)(쓰레기) 처리	2002년 월드컵 경기장 건설을 위한 한국 내 여러 지역의 노력
원인	• (6)(환경)이 파괴된다 • 지역의 (7)(땅값)이 내려간다	• 지역을 알릴 수 있다 • 지역 (8)(경제)를 살릴 수 있다
해결법	지역 주민들의 의견을 (9)(수렴)하고 그에 따른 대책을 세우거나 (10)(보상)을 제공	

3과 **문학과 예술**

그림 보고 예상하기   99쪽

1 (1)(ㄱ)	2 (1)(ㄴ) (2)(ㄱ)	3 (ㄴ)

100쪽

01

1 시간적 배경: 겨울
   공간적 배경: 우리 집 밖 또는 마당
2 ④   3 목도리, 장갑
4 (1) ○ (2) ○ (3) × (4) ○   5 ④

① **내용 파악하기** 이 시의 시간적 배경은 '겨울'이고, 공간적 배경은 '우리집 밖' 또는 '마당'입니다. "겨울에 눈이 내린 다음이면 우리집 밖에 서 있는 친구 눈사람", "추운 겨울 혼자 마당에 있는 눈사람이 안쓰러워", "눈사람 옆에서 나도 꼬마 눈사람이 되어"라는 표현 속에 시간적 배경과 공간적 배경이 나타나 있습니다.

② **추론하기** 엄마가 ⓐ에서와 같이 눈사람은 따뜻한 방이 아니라 밖에 있어야 한다고 말한 이유는 그 다음 행 "따뜻한 곳에 가면 이 친구는 사라진대요."에서 짐작할 수 있습니다. 눈사람은 따뜻한 곳에 있으면 빨리 녹아 버리지요.

③ **내용 파악하기** 눈사람이 재채기할까 봐 눈사람 목에 감싸준 '목도리', 손이 얼까 봐 나무 손에 끼워 준 '장갑'에 눈사람을 향한 어린아이의 애정이 드러납니다.

④ **내용 파악하기** (1) 이 시에서 말하는 이(화자)는 '어린아이'입니다.
(2) 추운 겨울 혼자 마당에 있어야 하는 눈사람을 안쓰

러워 하는 마음이나 눈사람 옆에 꼬마 눈사람이 되어
함께 손을 잡는다는 표현에 눈사람을 아끼고 소중히 여
기는 어린아이의 마음이 잘 드러납니다.

(3) 눈사람은 우리집 밖에 서 있습니다. 눈사람은 따뜻
한 방이 아니라 밖에 있어야 한다는 엄마의 말에 화자
는 눈사람 옆에 가서 눈사람의 손을 잡았다고 했으므
로, 화자는 눈사람을 방 안으로 데려가지 않았습니다.

(4) "눈사람 옆에서 나도 꼬마 눈사람이 되어 함께 손을
잡아요."라고 표현했으므로 꼬마 눈사람은 눈사람 옆
에 서 있는 어린아이를 상징적으로 비유한 표현임을 알
수 있습니다.

5 감상하기 눈사람을 아끼고 사랑하는 어린아이의 따
뜻하고 순수한 마음이 나타난 시입니다. 열을 받으면
눈이 녹는다는 과학적 사실을 모르고 눈사람이 추울까
봐 몸을 따뜻하게 해 주고 싶어하는 어린아이의 마음은
슬며시 미소를 짓게 하지요. 따라서 이 시와 어울리는
분위기는 ④ '따뜻하다'입니다.

102쪽

02	1	(1) — (가), (다)　(2) — (나), (라)
	2	⑤　　　3 ④
	4	㉮: 꼬리가 앞장서서 길을 안내함(유사하게 쓰면 답으로 인정)
	5	③

1 내용 파악하기 머리는 "꼬리야, 너에게는 앞을 볼 수
있는 눈이 없고, 위험을 알아차릴 귀나 혀도 없고, 행
동을 결정하는 뇌도 없지 않니?"라고 말합니다. 따라
서 머리가 자신이 앞장서서 길을 안내해야 한다는 주장
의 근거가 (가) '나는 눈과 귀 등을 통해 위험을 알아차

릴 수 있다'와 (다) '내게는 어떤 행동을 하라고 지시를
내릴 뇌가 있다'임을 알 수 있습니다. 반면, 꼬리는 "나
에게는 지금까지 앞장서서 갈 기회가 주어진 적이 없었
어! 나에게도 움직임을 느끼는 감각이 있어서 길 안내
정도는 할 수 있다고."라고 말합니다. 따라서 꼬리가 자
신이 앞에 있어야 한다는 주장의 근거로 (나) '나도 움
직임을 느낄 수 있어서 길을 안내할 수 있다'와 (라) '내
게는 앞장설 수 있는 기회가 주어지지 않았다'를 내세
웠음을 알 수 있습니다.

2 내용 파악하기 ㉠ 앞에는 꼬리가 앞장서서 갈 기회를
얻었다는 내용이 나오지만, 뒤에는 움직이기 시작한지
얼마 지나지 않아 깊은 개울로 떨어진 모습이 그려집니
다. ㉡ 앞에는 꼬리가 앞장서서 다시 길을 나선 모습이
나오지만, 뒤에는 가시덩굴이 무성한 덤불 속으로 들어
가 버린 내용이 나옵니다. 따라서 ㉠, ㉡에는 서로 일치
하지 않거나 상반되는 사실을 나타내는 두 문장을 이어
줄 때 쓰는 말인 '하지만' 또는 '그러나'가 들어가는 것
이 알맞습니다.

3 내용 파악하기 꼬리는 앞장서서 갈 수 있는 기회를 얻
자 머리에게 자기가 그 일을 잘하는 모습을 보여 주겠
다고 마음먹었으나, 개울로 굴러 떨어졌습니다. 머리의
도움으로 간신히 벗어났는데, 이번엔 가시덩굴이 무성
한 덤불 속으로 들어가 온몸이 찔렸고, 마지막에는 불
이 난 곳으로 들어가 결국은 타 죽습니다. 따라서 정답
은 ④ '꼬리는 자신 있게 앞장섰으나 계속 잘못된 곳으
로 들어섰다'입니다. 꼬리가 계속 고집을 피웠기 때문
에 머리는 어쩔 수 없이 자신의 역할을 꼬리에게 넘겼
습니다. 또한 불이 난 곳으로 들어간 후 미리가 꼬리를

다급하게 불렀으나 이미 불 속으로 들어가 버려 빠져나올 수 없었습니다. 꼬리가 외부로부터 몸을 보호하는 기능이 있다는 내용은 글에 나오지 않습니다.

④ 요약하기 뱀의 꼬리가 머리에게 늘 머리가 앞장서서 이끌고 가는 것에 대해 불만을 말한 결과 '꼬리가 앞장서서 길을 안내하게' 되었습니다. 이는 뱀이 불 속으로 들어가 결국 머리와 꼬리가 속한 뱀이 불에 타 죽는 원인이 됩니다.

⑤ 적용하기 이 글은 뱀의 머리와 꼬리 이야기를 통해 각자 '자신이 맡은 역할에 최선을 다하고 협력하는 것의 중요성'을 전하고 있습니다. 따라서 이 글을 예로 사용하여 글을 쓸 때 가장 어울리는 주제는 ③ '학급에서 맡은 책임과 협력의 중요성'입니다.

105쪽

03	1 ②	2 균제비례
	3 ③	4 ⑤ 5 ④

① 내용 파악하기 글의 첫 문단에 "천 년 역사를 꿋꿋이 견뎌 온 석굴암의 가치에는 어떤 것이 있을까?"라는 문장이 제시되어 있고 이와 관련된 내용이 뒤에 설명되어 있으므로, 이 글의 주제로 가장 적합한 것은 ② '석굴암의 가치'입니다.

② 낱말 이해하기 주어진 뜻이 나오는 부분을 글에서 빨리 찾아내는 것이 중요합니다. 〈가〉문단의 둘째 줄에 보면 '인체에서 얻어진 것으로, 가장 아름다움과 안정감을 느끼게 하는 비율'을 '균제비례'라고 한다는 내용이 나옵니다.

③ 추론하기 '문화유산'과 '석굴암'은 한 낱말(문화유산)이 다른 낱말(석굴암)을 포함하는 '포함 관계'를 이룹니다. 이러한 포함관계를 이루는 것은 ③ '과일(전체)−사과(부분)'입니다. ①은 예사말(밥)과 높임말(진지)의 관계며, ②와 ④는 서로 의미하는 것이 반대인 관계입니다. ⑤는 동물에 속하는 예시(개, 고양이)를 나열한 관계로 볼 수 있습니다.

④ 내용 파악하기 석굴암은 인도의 석굴 사원처럼 암석을 파고 굴을 만들어 그 안에 불상을 모시고자 하였으나, 우리나라의 산 대부분이 단단한 화강암으로 되어 있어서 그럴 수 없었습니다. 그래서 360개의 돌을 쌓아서 인공적으로 석굴 사원을 만들었습니다.

①: 석굴암은 경주에 있는 신라의 문화유산입니다.

②: 석굴암 바닥 아래로 차가운 지하수가 흐르는 구조로 되어 있습니다. 이 지하수가 석굴암 바닥의 온도를 벽면의 온도보다 낮게 만듭니다.

③: 석굴암의 구조 및 불상들은 모두 균제비례로 되어 있어 뛰어난 예술성을 보여 줍니다.

④: 천 년 전, 돌을 다듬어 서로 빈틈없이 끼워 맞춘 방식으로 만들어져 현재까지 그 형태를 고스란히 보전하고 있는 석굴암은 신라인들의 뛰어난 측량기술과 정교한 설계 기술을 보여 줍니다.

⑤ 추론하기 〈보기〉는 석굴암이 자연적으로 습도를 조절하고 있었지만 일제강점기에 일본인들이 했던 석굴암 보수 공사로 그 기능을 잃었다는 내용을 담고 있습니다. 따라서 석굴암의 자연적인 습도 조절 기능에 관한 내용이 나오는 〈라〉문단 뒤에 〈보기〉 내용을 추가하는 것이 자연스럽습니다.

04

1	우리 강산과 서민들이 생활하는 모습을 있는 그대로 그려낸 그림
2	양반 여성의 일: ⓒ, ⓒ 서민 여성의 일: ㉠, ㉣
3	(1) ○ (2) ○ (3) × (4) ×
4	④
5	사실: (가), (다), (라) / 의견: (나), (마)
6	해설 참조

1 낱말 이해하기 글에서 '풍속화'가 나오는 위치를 빨리 찾아야 합니다. 글의 첫째 줄에 '우리 강산과 서민들이 생활하는 모습을 있는 그대로 그려낸 그림'을 '풍속화'라고 한다고 나옵니다.

2 내용 파악하기 양반 여성들은 시집을 가서 자식을 키우고 일상생활을 할 수 있는 정도의 교육을 받아 음식 장만, 손님맞이, 자녀 교육 등 집안에서 이루어지는 일을 관리하는 데 대부분의 시간을 보냈습니다. 반면에, 서민 여성들은 집안일과 아이 돌보기 등 가정 살림은 물론이고 농사일 등 힘든 바깥일도 해야만 했습니다. 관청 및 양반집의 집안일을 도맡아 했던 것도 서민 여성들이었습니다.

3 내용 파악하기 (1) 신윤복과 김홍도는 조선 후기의 대표적인 풍속화가입니다.
(2) 조선 후기 풍속화에는 조선 시대 여성의 삶이 그려져 있습니다.
(3) 신윤복의 풍속화 〈장옷 입은 여인〉에는 신분이 서로 다른 '양반 계층' 여성과 '서민(상민, 천민) 계층' 여성'이 같이 등장합니다.

(4) 〈장옷 입은 여인〉과 〈어물장수〉는 김홍도가 아니라 신윤복의 작품입니다.

4 추론하기 풍속화는 우리 강산과 서민들이 생활하는 모습을 있는 그대로 그려낸 것입니다. 따라서 ⑤ '우주 여행'은 오늘날 풍속화의 소재로 적절하지 않습니다.

5 내용 파악하기 '사실'은 실제로 있었던 일이나 현재 있는 일 또는 직접 겪지 않았어도 이미 검증된 지식이 해당됩니다. '의견'은 어떤 대상이나 현상에 대하여 주관적으로 가지는 생각입니다. 사실과 의견을 구분하는 기준은 '누구나 공통적으로 인정할 수 있느냐'입니다. 누구나 공통적으로 인정할 수 있는 것은 '사실'에 해당하며, 사람에 따라 다르게 인정할 수 있는 것은 '의견'에 해당됩니다. (가), (다), (라)는 실제로 있었던 일에 해당하므로 '사실'에 속하며, (나), (마)는 대상이나 현상에 대해 갖는 생각인 '의견'에 속합니다.

6 요약하기 글의 핵심 정보, 중요한 낱말을 미리 표시해 두면 요약하기가 쉽습니다.

조선 시대 신윤복, 김홍도 등이 그린 (풍속화)에는 그 당시 여성들의 삶이 잘 드러나 있다. 조선 시대에는 여성 안에서도 (신분) 차이가 있었다. (양반) 계층 여성들은 자식 교육, 음식 장만, 집안을 관리하는 일을 했지만, (서민(또는 상민, 천민)) 계층 여성들은 집안일을 돌볼 뿐 아니라 온갖 바깥일도 해야 했다. 조선 시대 (서민) 여성들의 모습이 (풍속화)에 많이 담긴 이유는 그들이 바로 조선 사회를 가장 밑에서 받쳐 주고 끌어 준 존재였기 때문일 것이다.

05	1	⑤	2	②	3	③, ④
	4	(1) ○ (2) × (3) ○ (4) × (5) ×				
	5	④				

111쪽

1 낱말 이해하기 ㉠: 김선달의 꾀에 넘어간 양반을 보고 김선달은 자신의 뜻대로 된 것에 '신이 났을' 것으로 짐작할 수 있습니다. '쾌재를 부르다'에서 '쾌재'는 일 따위가 마음먹은 대로 잘되어 만족스럽게 여김을 뜻합니다.
㉡: 양반은 팥죽에 초를 쳐서 먹는다는 이야기를 처음 들었지만 모른다는 것을 들키지 않기 위해 아는 척을 합니다. 심지어 초를 친 쉰 죽을 다 먹고 나서는 "역시 팥죽은 초를 쳐야 제맛이 나는군."이라는 말까지 하지요. 이런 모습을 보아 양반은 굉장히 '잘난 체하는' 사람이라는 것을 알 수 있습니다. '거드름을 피우다'에서 '거드름'은 '거만스러운 태도'를 뜻합니다.

2 내용 파악하기 첫 번째 문단을 보면 김선달은 쉰 팥죽과 초 한 병을 들고 시장으로 나가 양반들을 골려 줄 재미있는 일을 벌이기로 마음먹었다는 내용이 나옵니다.

3 추론하기 양반은 팥죽에 초를 쳐서 먹는다는 이야기를 처음 들었지만, 초맛을 모른다고 이야기하면 김선달이 자기를 얕잡아 볼 것 같아 김선달에게 물어보지 못하고 아는 척을 합니다. 초를 친 팥죽을 한 그릇 다 비우고는 "역시 팥죽은 초를 쳐야 제맛이 나는군."이라는 말도 하지요. 이를 통해 양반은 '거만하고' '허세가 심한' 성격이라는 것을 짐작할 수 있습니다.

4 내용 파악하기 (1) 초를 친 쉰 팥죽으로 양반을 골려 준 김선달 이야기를 통해 김선달의 재치와 능청스러움을 엿볼 수 있습니다.

(2) 서울의 지체 높은 양반들은 원래 팥죽에 초를 쳐서 먹었다는 것은 양반을 속이기 위해 김선달이 꾸며 낸 거짓말입니다.

(3) 양반은 초맛을 모른다고 이야기하면 김선달이 자기를 얕잡아 볼까 봐 이미 초맛을 아는 척합니다.

(4) 양반은 팥죽에 초를 친다는 말을 김선달에게 처음 들었습니다.

(5) 김선달은 자기가 쑨 팥죽을 양반이 맛있게 먹어서 기뻤던 것이 아니라 겸손하지 않은 양반을 골려 줄 수 있어서 기뻤습니다.

5 감상하기 김선달은 평소 마을 사람들을 무시하며 괴롭히던 양반을 재치와 지혜로 골려 주었습니다. 따라서 ④ '내가 지위가 높고 돈이 있으면 남을 얕잡아 보고 무시해도 괜찮아'는 김선달 이야기에서 얻을 수 있는 교훈이 아니라 오히려 반대되는 내용입니다.

114쪽

06 도전! 긴 지문 읽기	1	(1) 이중 그림 (2) 고정관념
	2	(1) 가을 (2) 겨울 (3) 봄
	3	각 계절에 볼 수 있는 자연의 소재를 활용
	4	⑤　　5 ③
	6	③　　7 ②

1 낱말 이해하기 (1) 생활 속 사물들을 한데 모아 전혀 예상치 못한 곳에 사용함으로써 한 가지 사물이 두 가지 의미를 나타내게 표현한 것을 '이중 그림'이라고 한다는 내용이 두 번째 문단에 나옵니다. 따라서 주어진 뜻 '사물을 전혀 다른 용도로 사용해 표현함으로써 보는

181

거리나 방향에 따라 다양하게 해석되는 그림'은 '이중 그림'의 뜻임을 알 수 있습니다.

(2) 사람들의 잘 변하지 않는 굳은 생각 또는 지나치게 당연한 것으로 여기는 널리 알려진 생각을 뜻하는 말을 '고정관념'이라고 한다는 내용이 첫 번째 문단에 나옵니다. 따라서 주어진 뜻 '마음속에 굳게 있어서 잘 변하지 않는 생각 또는 당연하게 여기는 생각'은 '고정관념'이라는 것을 알 수 있습니다.

2 내용 파악하기 (1)을 잘 보면 호박 모자를 쓰고 그 둘레를 포도송이와 포도 잎으로 감싼 성숙한 장년의 모습이 보입니다. 따라서 이것은 추수의 계절인 '가을'을 나타내는 그림임을 알 수 있습니다.

(2) 모든 것이 떨어지고 말라 버린 고목으로 둘러싸인 노인의 모습이 그려진 그림입니다. '겨울'을 나타내는 그림임을 알 수 있습니다.

(3) 형형색색의 꽃들이 머리, 얼굴, 옷까지 둘러싸고 있습니다. 따라서 이것은 '봄'을 나타내는 그림임을 알 수 있습니다.

3 내용 파악하기 주세페 아르침볼도의 〈사계절〉은 각 계절에 볼 수 있는 자연의 소재를 활용하여 계절별로 소년에서 노인으로 바뀌는 얼굴을 나타낸 것이 특징입니다. 따라서 공통점은 '각 계절에 볼 수 있는 자연의 소재를 활용'했다는 것입니다.

4 내용 파악하기 이 글은 화가 주세페 아르침볼도의 작품 세계에 관해 설명한 글입니다. 주세페 아르침볼도는 생활 속 주변 소재를 세밀하게 묘사할수록 좋은 그림이라고 평가하던 이전의 고정관념을 깨고, 생활 속 사물

들을 한데 모아 전혀 예상치 못한 곳에 사용함으로써 사물이 두 가지 의미를 나타내게 표현한 이중 그림을 그린 작가입니다. 이런 관점에서 볼 때 ①, ②, ③의 그림은 확실한 대상과 장면을 세밀하게 묘사한 그림이므로 주세페 아르침볼도의 그림과는 차이가 있습니다. ④는 추상적인 그림으로, 이중 그림이 아닙니다.

5 내용 파악하기 주세페 아르침볼도가 주변의 사물을 선택하여 이중 그림을 그린 것은 단순히 작품에 재미나 기발함을 주기 위한 것만은 아니었습니다. 작품에서 자신이 전하고자 하는 메시지를 효과적으로 전달하는 수단으로도 사용하기 위함이었습니다. 따라서 ③ '아르침볼도는 단순히 표현상의 재미를 위해 생활 속 소재들을 사용했다'는 잘못된 설명입니다.

6 추론하기 밑줄 친 ㉠과 같이, 생활 속 주변 소재를 세밀하게 묘사할수록 좋은 그림으로 평가 받던 시대에서 주세페 아르침볼도는 이런 흐름을 거부하고 색다른 표현을 시도했습니다. 그의 그림은 재미있고 기발하지만 사실대로 표현하지 않았기 때문에 좋은 그림으로 인정받지 못했을 것입니다. 따라서 정답은 '참신하지만 사실대로 표현하지 못했으니 좋은 그림이 아니야'라는 ③일 것입니다.

7 주제 이해하기 주세페 아르침볼도는 미술 세계의 고정관념을 깬 작가입니다. 따라서 정답은 '자신이 가지고 있는 생각의 틀을 깨고 다른 방식으로 생각해 보세요'라고 한 ②입니다.

①: 한 가지 생각을 깊게 하는 것에 대한 내용은 글에 나오지 않습니다.

③: 이 글은 고정관념을 인정하는 것이 아니라 깨는 것의 중요성에 관해 이야기하고 있습니다.

④: 주세페 아르침볼도는 생활 속 주변 소재를 세밀하게 묘사할수록 좋은 그림이라는 시대의 평가를 거부했습니다.

⑤: 주세페 아르침볼도는 사회와 시대의 기준과 평가를 따라가는 삶의 태도를 거부하고 색다른 것을 시도했습니다.

4과 사람과 역사

배경지식 확인하기   119쪽

1 안용복	2 이회영	3 흥선대원군

        120쪽

01	1 ③	2 해설 참조
	3 ⑤	4 ㉡→㉣→㉠→㉤→㉢
	5 ②	

1 내용 파악하기 미모와 재능이 뛰어났던 김만덕은 제주도에서 유명한 기생이 되었지만, 기생의 신분에서 벗어나게 해 주면 돈을 벌어 불쌍한 사람들을 돌보겠다고 약속하고 자유의 몸이 되었습니다. 장사를 시작해 돈을 많이 번 김만덕은 태풍으로 인해 큰 어려움을 겪던 제주도 사람들을 도왔고, 그 선행 덕에 임금에게 초청을 받아 한양에 가서 임금을 만나 상까지 받았습니다. '제주도 사람들을 도운 선행 덕에 제주도의 관리가 되었다'라는 ③의 설명은 바르지 않습니다.

2 추론하기 ㉮ 뒤에 그 당시 섬에 사는 여인들은 육지로 나갈 수 없다는 법이 있었지만 만덕은 한양 땅을 밟았다는 내용이 나오는 것을 보아, 김만덕의 소원은 '섬을 떠나 한양에 가 보고 싶다'였음을 짐작할 수 있습니다.

3 추론하기 김만덕이 관가에 찾아가 기생에서 벗어나게 해줄 것을 관리에게 부탁하는 모습과 태풍으로 피해를 입은 백성들을 돕기 위해 자기 재산을 내놓는 모습에서 김만덕이 '대범하고 인정 많은 성격'임을 추측할 수 있습니다.

4 요약하기 김만덕과 관련된 일을 정리하면 다음과 같습니다.

㉡: 어릴 때 부모를 잃고 기생의 수양딸로 들어감

㉣: 기생의 신분을 벗고 그동안 모은 돈으로 장사를 시작함

㉠: 장사에 재주를 보여 제주도에서 큰 부자가 됨

㉤: 태풍 때문에 큰 피해를 입은 제주 사람들을 위해 재산을 내놓음

㉢: 임금의 초청으로 섬을 떠나 한양에 가 보는 자유를 누림

5 감상하기 김만덕은 부자가 된 이후, 자기를 기생에서 벗어나게 해 준다면 돈을 벌어 불쌍한 처지에 있는 사람들을 돌보겠다고 한 약속을 지켰습니다. 따라서 '김만덕처럼 큰 부자가 되어서 실컷 여행을 다니고 싶다'라고 한 윤지의 말은 이 글에서 얻을 수 있는 교훈으로 알맞지 않습니다.

02

1 독도, 영토 분쟁
2 독도가 우리나라 영토(땅)라는 것
3 을사늑약 체결 또는 을사늑약
4 ④　　　5 ⑤
6 (1) 〈마〉 (2) 〈나〉 (3) 〈라〉 (4) 〈다〉

1 주제 이해하기 이 글은 일본과의 독도 영토 분쟁의 역사에 관해 주로 설명하면서 독도의 가치를 다루고 있습니다. 따라서 글의 주제는 '독도'를 둘러싼 한일 간의 '영토 분쟁'입니다.

2 내용 파악하기 가리키는 말이 무엇을 가리키는지는 흔히 앞 문장 또는 앞 문단의 내용을 살펴보면 쉽게 찾을 수 있습니다. ㉠ 앞에 신라 시대 이후 조선 시대까지 독도가 우리나라 영토로 지켜져 왔다는 내용이 나옵니다. ㉡ 앞에는 안용복이 일본 정부에 독도는 우리 땅이라는 것을 강력하게 항의했다고 나옵니다. 따라서 ㉠과 ㉡이 공통되게 가리키는 내용은 '독도가 우리나라 영토(땅)라는 것'임을 알 수 있습니다.

3 내용 파악하기 〈다〉문단을 보면 일본의 독도에 대한 소유권 주장이 1905년 을사늑약 체결로 우리나라의 외교권이 박탈된 것을 이용해 시작되었음을 알 수 있습니다. 따라서 정답은 '을사늑약' 또는 '을사늑약 체결'입니다.

4 내용 파악하기 우리나라는 일제강점기 동안 빼앗겼던 독도를 광복 이후에 우리나라 영토로 회복하였습니다. 따라서 바르지 않은 설명은 ④입니다.

5 적용하기 ⑤ '독도 천연자원에 대한 권리 양보하기'는 독도를 지키는 자세로 거리가 멉니다.

6 문단 이해하기 (1) 독도에 관심을 가지고 독도를 지키기 위해 앞장서자는 글쓴이의 주장이 드러난 문단은 〈마〉문단입니다.

(2) 독도가 우리나라 영토임을 증명하는 역사적 기록을 설명한 문단은 〈나〉문단입니다.

(3) 독도가 지니는 외교적 가치(동해에서 해상 주도권을 가질 수 있는 중요한 위치에 있음), 산업적 가치(다양한 어류가 살고, 많은 천연자원이 매장되어 있음)를 설명한 문단은 〈라〉문단입니다.

(4) 독도 소유권을 일본에게 빼앗기게 된 역사적 사건에 관한 설명은 〈다〉문단에 나옵니다.

03

1 ④　　　2 ②
3 ④　　　4 ②
5 (1) ○ (2) × (3) × (4) ○ (5) ○

1 주제 이해하기 조선의 지도층이었던 이회영 일가는 일본에 나라의 주권을 빼앗긴 후 많은 재산과 토지는 물론이고 자기들의 삶 자체를 독립 운동에 바칩니다. 이 글은 ④ '이회영 일가가 독립 운동에 쏟은 헌신'에 관한 이야기하고 있습니다.

2 내용 파악하기 밑줄 친 ㉠이 많은 일은 '이회영 일가가 독립운동을 위해 한 여러 업적'을 의미합니다. ㉠의 앞 문단에 이회영 일가는 농업 생산 지도와 민족 교육을 위해 경학사를 설립했고, 항일 독립 운동가를 배출하기

위해 신흥무관학교를 세웠다는 내용이 나옵니다. 또한 항일 독립 단체인 신민회를 결성, 대한민국 임시정부 수립 및 의열단 후원에도 애썼다고 설명되어 있습니다. 하지만 만주에 병원과 대학을 설립한 적은 없습니다.

3 낱말 이해하기 밑줄 친 ⓒ고초는 문맥상 이회영 일가가 독립 운동을 위해 많은 일을 하며 겪은 일(일제의 고문 속에서 병사하거나 독립 운동 중 실종됨)을 의미합니다. 따라서 대신 쓸 수 있는 말은 ④ '어려움'입니다.

4 내용 파악하기 이회영 일가는 높은 신분과 많은 재산을 포기하면서까지 나라의 독립을 이루고자 노력했습니다. 따라서 밑줄 친 ⓒ목적은 ② '일본으로부터 독립해 나라의 주권을 되찾는 것'을 의미함을 알 수 있습니다.

5 내용 파악하기 (1) 1910년에 조선은 주권을 일본에 강제로 빼앗깁니다.

(2), (5) 이회영 일가가 많은 재산과 토지, 삶 자체를 모두 독립운동에 바치면서 이회영 선생을 포함해 그 가족은 하루에 한 끼도 겨우 먹을 정도였다고 합니다. 게다가 조선을 떠날 때는 50명 정도였던 가족 수가 광복 후 조국에 돌아왔을 때는 20여 명 밖에 되지 않았습니다. 이런 것으로 보아 이회영 일가가 만주에서 윤택한 삶을 누렸다고 볼 수 없습니다.

(3) 이회영 선생은 광복을 맞이하지 못하고 감옥에서 생을 마감하였습니다.

(4) 이회영 일가는 국내외 항일 운동 전반에 참여하였습니다.

129쪽

04

1 매관매직
2 ⊙: 왕의 호위부대의 우두머리 자리
  ⓒ: 분경 방지법
3 ⑤ 4 ① 5 ③
6 해설 참조

1 낱말 이해하기 '관직을 돈으로 사거나 파는 행위'를 '매관매직'이라고 합니다.

2 내용 파악하기 ⊙그 자리는 박유손이라는 사람이 얻고자 했던 '왕의 호위부대의 우두머리 자리'를 뜻합니다. ⓒ이 법은 조선시대에 관리들의 부정부패를 막기 위해 만든 '분경 방지법'을 가리킵니다. ⓒ의 경우, 가리키는 대상이 바로 앞에 나오지는 않지만 앞의 내용을 잘 파악하고 있으면 정답을 맞힐 수 있습니다.

3 내용 파악하기 조선 시대에 분경 방지법이 적용된 일화가 소개되어 있습니다. 박유손이라는 사람이 조은을 찾아가 자리를 청탁했으나 태종은 다른 이를 임명하고 박유손과 조은에게 귀양과 형벌을 내렸습니다. 따라서 ⑤ '분경 방지법을 만들었지만 실제로 지켜진 적은 없다'는 바르지 않습니다.

4 내용 파악하기 김영란 법과 분경 방지법은 모두 관리들의 부정부패를 막기 위해 만든 법입니다. 따라서 두 법은 '법을 만든 목적'이 같습니다.

5 주제 이해하기 마지막 문단의 마지막 줄에 부정부패를 막기 위한 법을 만드는 것도 중요하지만 동시에 법을 잘 지켜야만 실제로 그 법을 통해 우리 사회가 청렴해

진다는 내용이 나옵니다. 즉, 부정 청탁을 금지하는 법을 만드는 것뿐 아니라 잘 지키는 게 중요하다는 것입니다. 따라서 정답은 ③ '부정 청탁을 금지하는 법을 잘 지키기 위해 노력하자'입니다.

6 요약하기 글에서 중요한 정보를 담고 있는 낱말이나 표현을 미리 표시해 두면 글을 요약할 때 큰 도움이 됩니다.

> 부정청탁이 없는 (청렴한) 사회를 만들기 위해 '김영란법'이 만들어진 것처럼, 조선 시대에도 이와 비슷한 법인 (분경 방지법)이 있었다. 높은 벼슬에 있는 친척에게 사적으로 부정한 청탁을 하지 못하도록 막기 위한 법으로, 조선 초기에는 실제로 적용된 일화가 남아 있다. 그러나 (왕권)이 약해지기 시작한 조선 중기가 되어서는 세도 정치, (매관매직), 부정 청탁도 많아졌다. 이것으로 보아, 청렴한 사회를 만들려면 부정부패를 막는 법의 제정뿐 아니라 스스로 법을 (지키는) 자세도 매우 중요함을 알 수 있다.

132쪽

05	1 ③	2 쇄국정책
	3 ④	4 ③	6 ⑤
	6 (1)—(나) (2)—(가)	
	7 홍선대원군: ㉠, ㉢, ㉤ / 고종: ㉡, ㉣	

1 주제 이해하기 이 글은 조선 후기, 서양의 여러 나라가 조선과의 교류를 요구하는 상황에서 서양의 문물을 받아들여야 하는가에 대해 홍선대원군과 고종의 서로 다른 입장을 담은 이야기입니다. 따라서 정답은 ③입니다.

2 낱말 이해하기 홍선대원군은 문호를 개방하라는 서양의 요구를 거절하고 나라 문을 굳게 닫는 쇄국정책을 시행하였습니다. 따라서 '문호를 굳게 닫고 다른 나라와 서로 교류하지 않는 정책'은 '쇄국정책'입니다.

3 내용 파악하기 ㉠ 앞에 서양의 과학 기술이나 무기에 관심이 많았다는 내용이 나오지만 뒤에 서양에 문호를 개방하지 말아야 하는 이유가 제시된 것으로 보아, 서로 일치하지 아니하거나 상반되는 사실을 나타내는 두 문장을 이어줄 때 쓰는 말인 '하지만'이 들어가는 것이 적절합니다. ㉢ 앞에는 서양의 문물을 받아들인 일본이 많이 발전했다는 것을 일본에 다녀온 관리들을 통해 들었다는 내용이 나옵니다. 그리고 ㉢ 뒤에는 일본처럼 서양에 문호를 열어야 조선이 더 발전할 수 있다고 주장하고 있습니다. 앞 내용이 뒤 내용의 근거 또는 원인이 되므로 이것에 해당하는 이어 주는 말은 '그러므로'입니다.

4 낱말 이해하기 글을 보면 홍선대원군과 고종은 서양이 그 당시 조선보다 여러 면에서 앞서 있다고 생각한다는 것을 알 수 있습니다. 따라서 밑줄 친 ㉡선진은 '앞선'의 의미임을 짐작할 수 있습니다.

5 낱말 이해하기 밑줄 친 ㉣문은 '거쳐야 할 관문이나 고비'를 의미합니다. 같은 의미로 사용된 것은 ⑤입니다. ①, ②는 '드나들거나 물건을 넣었다 꺼냈다 하기 위하여 만든 시설', ③은 '축구의 골문', ④는 '조선 시대에 서울에 있던 사대문'을 의미합니다.

6 내용 파악하기 홍선대원군은 나라의 문을 열기 전에 스스로의 힘을 키워야한다고 주장합니다. 반면, 고종은

나라의 문을 개방해 서양의 문물을 받아들여야 한다고 주장합니다.

7 내용 파악하기 흥선대원군은 문호를 개방하기 전에 먼저 나라의 힘을 키워야 한다고 주장하며 나라 문을 굳게 닫는 쇄국정책을 시행했습니다. 따라서 흥선대원군의 주장에 어울리는 근거는 ㉠, ㉢, ㉤입니다. 고종은 나라의 문을 개방해 서양의 앞선 문물을 받아들여 조선도 새롭게 발전해야 한다는 주장을 합니다. 따라서 고종의 주장에 어울리는 근거는 ㉡, ㉣입니다.

136쪽

06
도전!
긴 지문
읽기

1 팔만대장경, 제작, 보존
2 해인사, 팔만대장경
3 (1)—(라) (2)—(가) (3)—(다) (4)—(나)
4 ㉠: 팔만대장경 제작을 담당하는 관청
　㉡: 바닥에 뿌린 숯과 찰흙, 모래, 소금,
　횟가루 등
5 (1) 몽골 (2) 안정 (3) 부처 (4) 불경
6 ③　　7 (1) ✕ (2) ○ (3) ✕ (4) ○ (5) ○
8 〈나〉문단—㉡ 〈다〉문단—㉣
　〈마〉문단—㉠ 〈바〉문단—㉢

1 주제 이해하기 이 글은 '팔만대장경'의 '제작' 과정과 '보존' 원리에 관해 설명하고 있습니다.

2 내용 파악하기 6·25 전쟁 중 남한의 장군이 어느 절을 폭격하라는 명령을 어긴 이유는 그 절에 우리의 소중한 문화유산이 보관되어 있었기 때문입니다. 그때 지켜낸 절과 문화유산이 바로 '해인사'와 그 안에 보관되어 있던 '팔만대장경'입니다.

3 내용 파악하기 팔만대장경을 만들기 위해 목수는 목판이 썩지 않도록 가공하였고, 필사가들은 목판에 들어갈 같은 글자체를 연습했습니다. 승려들은 목판에 새겨질 글씨들을 보며 틀린 내용이나 글자를 바로잡고, 조각가들은 목판에 글자본을 붙여 새기는 일을 했습니다.

4 내용 파악하기 ㉠이를 중심으로 전국 각지의 목수, 승려, 필사가, 조각가들이 모였다는 것으로 보아 ㉠이는 앞에 제시된 '팔만대장경 제작을 담당하는 관청'임을 알 수 있습니다. ㉡이는 자동적으로 습도를 조절하는 역할을 담당한다고 나와 있으므로 그 앞에 나온 '바닥에 뿌린 숯과 찰흙, 모래, 소금, 횟가루 등'을 가리킨다는 것을 알 수 있습니다.

5 내용 파악하기 팔만대장경 제작 배경에 관한 설명은 〈나〉문단에 나옵니다. '몽골'의 계속된 침입으로 나라가 어지러워지자 고려의 지도층은 백성의 마음을 하나로 모아 나라를 '안정'시킬 필요를 느낍니다. 그래서 '부처'의 힘을 빌려 백성들의 마음을 하나로 모으고 동시에 외적을 물리치겠다는 마음을 담아 '불경'을 목판에 새기기로 합니다. 이렇게 만들어진 것이 팔만대장경입니다.

6 내용 파악하기 경관용으로 선택한 나무는 바로 사용하지 않고 바닷물 속에 1~2년간 담가 두고, 한 번 더 소금물에 삶고 건조하는 과정을 거쳤습니다. 그렇게 한 이유는 소금이 수분을 흡수하는 성질이 있어 '경관이 갈라지거나 비틀어지는 현상을 줄일 수 있고 벌레로부터도 보호할 수 있기' 때문입니다.

7 내용 파악하기 (1) 팔만대장경은 고려 시대에 만들어졌습니다.

(2) 팔만대장경을 제작하기 위해 담당하는 관청이 세워지고 이곳을 중심으로 전국 각지의 목수, 승려, 필사가, 조각가들이 모여 작업했습니다. 이 사실을 통해 팔만대장경을 제작하기 위해 국가적으로 큰 힘을 쏟았음을 알 수 있습니다.

(3) 〈다〉문단에 보면 팔만대장경에는 잘못 기록되어 있는 글자가 거의 없다고 나옵니다.

(4) 팔만대장경을 보관하고 있는 해인사 장경판전은 목판을 잘 보관할 수 있게 과학적으로 설계되었습니다. 해인사 장경판전은 실내 온도를 목판 보관에 적절하게 유지하고 바닥 밑에 숯과 찰흙, 모래, 소금, 횟가루를 뿌려 자동으로 습도를 조절할 수 있도록 했습니다.

(5) 팔만대장경을 만들 때 목재는 30년에서 50년 자란 나무 중 형태가 곧고 옹이가 없는 것을 선택했습니다.

8 문단 이해하기 〈나〉문단은 팔만대장경의 제작 이유를 설명하고 있으며, 〈다〉문단은 팔만대장경의 제작 과정과 제작할 때 들어간 수고에 관해 이야기하고 있습니다. 〈마〉문단은 팔만대장경의 경판으로 사용한 나무의 선정과 가공 처리, 〈바〉문단은 경판의 보관 장소의 과학적 설계에 관해 설명하고 있습니다.

5과 과학과 환경

장단점 파악하기   141쪽

1—(나)	2—(라)	3—(가)	4—(다)

142쪽

01	1	⑤
	2	1. 우리가 먹는 꿀을 얻을 수 없게 됨
		2. 사람들이 먹을 게 줄어듦
		3. 목화생산량이 줄어 면으로 된 옷을 입을 수 없게 됨
	3 ⑤ 4 ③	

1 내용 파악하기 아빠는 꿀벌이 공기 오염, 새로운 질병, 기생충, 각종 전자파 때문에 사라지고 있다고 설명하였습니다. 꿀벌을 보호하기 위한 방법으로 천적을 없애는 방제 작업을 언급하였지만 '천적의 증가'가 꿀벌이 사라지는 이유로 제시되지는 않았습니다.

2 내용 파악하기 꿀벌이 사라지면 우리가 먹는 꿀을 얻을 수 없게 됩니다. 또한 꿀벌에 의해 수분을 하던 농작물이 열매를 맺지 않게 되어 사과, 수박, 딸기, 고추 등 사람들이 먹을 식량이 줄어듭니다. 그리고 목화 생산량도 줄어 면으로 된 옷을 입을 수 없게 됩니다.

3 내용 파악하기 꿀벌을 보호하기 위해서는 천적을 없애는 방제 작업을 하고, 꿀벌에게 먹이를 제공하는 나무와 꽃을 많이 심고 가꾸는 노력이 필요합니다. 또한 공기 오염을 줄이기 위해 가까운 곳은 걷거나 자전거를 타는 노력을 하는 것도 좋습니다. 휴대폰을 필요할 때만 사용하는 일도 전자파를 줄이는 데 도움이 됩니다. 그러나 ⑤ '인구 증가 속도 조절하기'는 꿀벌을 보호하기 위해 할 일로 글에 언급되어 있지 않습니다.

4 내용 파악하기 글에는 '꿀벌의 종류와 크기'에 대한 설명은 나오지 않습니다.

①: 꿀벌의 천적으로는 등검은말벌이 있습니다.

②: 꿀벌은 꿀을 만들고, 많은 식물이 수분을 할 수 있게 돕습니다.

④: 꿀벌은 공기 오염, 새로운 질병, 기생충, 각종 전자파 때문에 사라지고 있습니다.

⑤: 꿀벌이 사라지면 꿀을 얻을 수 없고, 사람들이 먹을 것이 줄어드는 등의 피해가 발생합니다.

144쪽

02	1 ①	2 해설 참조
	3 ㉣→㉡→㉢	4 ④

1 내용 파악하기 ㉠~㉤ 중 ㉠을 제외한 나머지는 울릉도의 유일한 평지 지형인 '화산이 분출한 분화구'를 가리킵니다. 반면, ㉠은 '울릉도'를 가리킵니다.

2 내용 파악하기 네 번째 문단에 울릉도의 분화구와 백두산 천지의 공통점과 차이점이 나와 있습니다.

공통점	화산이 분출한 분화구 / 화산 폭발이 끝난 후 마그마가 빠져 나와 생긴 땅속 빈 공간이 산 정상의 무게를 이기지 못해 밑으로 내려 앉으면서 만들어진 '칼데라' 지형임
차이점	울릉도는 땅속으로 지하수가 흐르지만, 백두산에는 물이 고여 '천지'라는 호수가 자리잡고 있음

3 내용 파악하기 백두산 천지의 형성 과정은 다음과 같습니다. 지구 내부에 마그마가 녹아 있었는데(㉠) 마그마가 분출됐습니다(㉣). 마그마가 빠져 나와 생긴 땅속 빈 공간이 산 정상의 무게를 이기지 못하고 내려 앉았고(㉡), 그 이후 그 자리에 물이 고여 호수가 되었습니다(㉢).

4 내용 파악하기 예전에는 울릉도의 칼데라에도 백두산 천지처럼 물이 가득 차 있었다고 하나, 땅속에 흐르는 지하수를 제외하고는 현재 그 흔적을 찾아볼 수 없다고 합니다. ④는 백두산 천지에 해당하는 설명입니다.

146쪽

03	1 강도, 신축성		
	2 ②	3 ⑤	4 ⑤

1 내용 파악하기 거미줄의 높은 '강도'와 '신축성' 때문에 거미줄을 실생활에서 다양하게 활용하려고 시도하고 있습니다.

2 내용 파악하기 ㉠ 앞에는 생활 속에서 거미줄을 활용하려는 다양한 시도가 소개되지만, 뒤에는 거미가 생산하는 거미줄로는 한계가 있다고 나옵니다. ㉡ 앞에는 충분한 거미줄을 얻으려는 여러 시도가 아직은 성공적이지 못하다는 내용이 나오지만, 뒤에는 과학 기술의 발전을 통해 인공 거미줄을 마구 만들어 낼 날을 기대한다고 나옵니다. 따라서 ㉠과 ㉡에는 앞뒤로 서로 반대되는 내용을 이어 주는 말인 '하지만' 또는 '그러나'가 들어가야 알맞습니다.

3 내용 파악하기 〈다〉문단에 거미줄을 활용하여 방탄복, 바이올린 현, 어망, 스포츠 및 항공 우주 의류 등을 만들기 위한 시도가 이어지고 있다는 내용이 나옵니다. '캠핑용 텐트'는 거미줄을 활용하여 만들려고 하는 제품으로 언급되지 않았습니다.

4 내용 파악하기 거미줄을 충분히 생산할 수 있는 기술은 아직 개발되지 않았습니다.

148쪽

04	1	해설 참조
	2	(1) 〈다〉 (2) 〈나〉 (3) 〈라〉
	3	⑤
	4	1. 사람들은 자기가 할 수 있는 간단한 일조차 컴퓨터에 의존하게 됨 2. 정보가 유출되어 나쁜 용도로 사용되면 큰 범죄로 이어질 수 있음
	5	④ 6 ③ 7 ①

1 낱말 이해하기 〈나〉문단에 '유비쿼터스'의 뜻이 설명되어 있습니다. 유비쿼터스는 '우리 주변에 있는 모든 사물 속에 컴퓨터 기능을 넣고 네트워크에 연결, 시간이나 장소에 관계없이 이용할 수 있게 하는 통신 환경'입니다.

2 문단 이해하기 (1) 〈다〉문단에서는 유비쿼터스 기술이 주는 다양한 장점(사람들이 언제 어디서나 자기가 원하는 서비스와 정보를 제공받을 수 있음)을 설명하고 있습니다.
(2) 〈나〉문단에서는 유비쿼터스가 무엇인지 설명하고 있습니다.
(3) 〈라〉문단에서는 유비쿼터스 기술이 끼칠 위험성(사람들이 컴퓨터에 의존하게 됨, 정보 유출 등)을 설명하고 있습니다.

3 내용 파악하기 이 글은 유비쿼터스 기술의 경제적 가치에 관해서는 설명하고 있지 않습니다.

4 내용 파악하기 ㉠은 앞에 제시된 유비쿼터스 시대에서 일어날 수 있는 부작용의 두 가지 예를 가리킵니다. 유비쿼터스 시대에는 모든 일이 컴퓨터로 가능하기 때문에 사람들이 자기가 할 수 있는 간단한 일조차 컴퓨터에 의존하게 될 수 있습니다. 또한 모든 정보가 공유되고 관리되기 때문에 정보가 유출되어 나쁜 용도로 사용되어 큰 범죄로 이어질 수도 있습니다.

5 추론하기 선생님은 유비쿼터스 기술을 통해 얻을 수 있는 장점과 단점이 동시에 존재한다고 이야기합니다. 따라서 빈칸 ㉮에는 ④ '유비쿼터스 기술의 장단점을 알고 바르게 활용할 수 있어야 해요'라는 내용이 이어지는 것이 자연스럽다고 추측할 수 있습니다.

6 추론하기 〈보기〉에는 유비쿼터스를 통해 쉽게 헬스 케어 서비스를 받을 수 있다는 내용이 나오는데 이것은 유비쿼터스 기술로 얻을 수 있는 '장점'에 해당합니다. 따라서 유비쿼터스 기술의 장점에 관해 설명하는 〈다〉문단에 들어가야 가장 어울립니다.

7 감상하기 유비쿼터스 시대가 되면 모든 사물 속에 컴퓨터 기능이 들어가 이것들이 네트워크에 연결되어 시간이나 장소에 관계없이 필요한 정보나 서비스를 제공받을 수 있다고 설명합니다. 하지만 그렇다고 하여 현재 사람이 필요한 모든 직업이 사라질 것이라고 예상하기는 어렵습니다. 따라서 글을 제대로 이해하지 못한 친구는 '동욱'입니다.

151쪽

05	1 ②
	2 (1) ○ (2) × (3) ○ (4) ○ (5) ×
	3 해설 참조
	4 (1) ④ (2) 석탄 화력 발전소에서 발생하는 미세먼지
	5 ④

1 글의 구성 알기) 이 글은 미세먼지를 발생시키는 요인을 '나열하여' 설명하고 있습니다.

2 내용 파악하기) (1) 미세먼지는 '지름이 10㎛(마이크로미터) 이하인 작은 먼지'를 말합니다.
(2) 우리나라 미세먼지 중 중국으로부터 비롯된 것은 30~40% 정도이고 나머지는 우리나라에서 발생한 미세먼지입니다.
(3) 미세먼지는 크기가 너무 작아서 기관지와 같은 호흡 기관을 그대로 통과해 몸속에 쉽게 쌓입니다.
(4) 미세먼지는 2013년에 1급 발암물질로 지정되었습니다.
(5) 가정에서 발생하는 미세먼지도 있기 때문에 집 안이 미세먼지로부터 안전하다고 볼 수 없습니다.

3 내용 파악하기) 글의 끝에서 두 번째 문단에 석탄 화력 발전소 가동의 장단점이 언급되어 있습니다.

장점	연료비가 가장 적게 듦 안정적으로 전기를 공급할 수 있음
단점	미세먼지를 많이 배출함

4 내용 파악하기) (1) 교통수단 사용에서 발생하는 미세먼지, 가정에서 발생하는 미세먼지는 '미세먼지 발생 원인'을 기준으로 분류한 것입니다.

(2) 미세먼지를 발생 원인으로 분류하면 교통수단 사용에서 발생하는 미세먼지, 가정에서 발생하는 미세먼지, 석탄 화력 발전소에서 발생하는 미세먼지로 나눌 수 있습니다. 따라서 빈칸 ㉯에는 '석탄 화력 발전소에서 발생하는 미세먼지'가 들어가야 합니다.

5 문제 해결하기) 우리나라 미세먼지 중 중국으로부터 비롯된 것은 30~40% 정도로 나머지는 국내에서 발생한다고 합니다. 따라서 우리나라 미세먼지를 중국의 탓으로만 돌릴 수 없으며, 중국에서 불어오는 바람을 막기 위해 큰 벽을 국경에 세운다고 해서 미세먼지를 줄일 수 있다고 볼 수 없습니다.

154쪽

06 도전! 긴 지문 읽기	1 5mm 미만 크기의 플라스틱 조각
	2 ⑤ 3 ③
	4 ④ 5 ②
	6 ㉮: 미세 플라스틱으로 우리가 마시는 식수까지 오염되고 있다. ㉯: 미세 플라스틱은 자석처럼 외부 오염물질을 끌어당겨 더 심각한 오염을 일으킬 수 있다. ㉰: 우리의 강과 바다, 그리고 인류의 건강까지 위협하고 있는 플라스틱 사용을 줄여나가는 노력이 필요하다.

1 낱말 이해하기) 두 번째 문단에 미세 플라스틱의 뜻이 나옵니다. '5mm 미만 크기의 플라스틱 조각'을 '미세 플라스틱'이라고 합니다.

2 내용 파악하기) ㉠이것은 인간의 건강도 위협한다고 나옵니다. 뒤에 미세 플라스틱을 먹은 강과 바다 생물들

191

을 결국 인간이 먹기 때문이라는 설명이 나오는 것으로 보아, ㉠이 '미세 플라스틱'을 가리킨다는 것을 알 수 있습니다.

③ **내용 파악하기** 미세 플라스틱은 너무 작아서 일반적인 하수 처리 시설에서 걸러지지 않고 하수구를 통해 바다와 강으로 그대로 유입됩니다.

①: 1925년 처음 등장한 플라스틱은 쉽게 분해되거나 녹슬지 않는 장점 덕분에 많이 사용되고 있지만, 쉽게 분해되지 않아 환경을 파괴하는 단점도 있습니다.

②: 전 세계적으로 평균 약 83%의 수돗물에 눈에 보이지 않는 미세 플라스틱이 포함되어 있다고 합니다.

④: 미세 플라스틱은 스펀지처럼 독성 화학 물질을 흡수하는 성질이 있습니다.

⑤: 다양한 수중 생물이 미세 플라스틱을 먹이로 착각해 섭취하기도 합니다.

④ **주제 이해하기** 이 글은 미세 플라스틱이 환경과 인체에 미치는 위험성을 설명하면서 글의 마지막에 "우리의 강과 바다, 그리고 인류의 건강까지 위협하고 있는 플라스틱 사용을 줄여나가는 노력이 필요하다."고 말합니다. 따라서 글쓴이의 주장은 ④ '플라스틱 사용을 줄여 환경을 보호하자'입니다.

⑤ **글의 구성 알기** 미세 플라스틱이 환경과 인체에 미치는 위험에 관해 '첫째', '둘째', '셋째' 라는 표시어를 쓰면서 '나열하고' 있습니다.

⑤ **요약하기** 글의 가운데 부분에서 미세 플라스틱이 위험한 이유를 설명하고 있는데, 그 이유를 설명한 중심

문장은 다음과 같습니다.

㉮: 미세 플라스틱으로 우리가 마시는 식수까지 오염되고 있다.

㉯: 미세 플라스틱은 자석처럼 외부 오염물질을 끌어당겨 더 심각한 오염을 일으킬 수 있다.

마지막에 글쓴이는 "우리의 강과 바다, 그리고 인류의 건강까지 위협하고 있는 플라스틱 사용을 줄여나가는 노력이 필요하다."고 하며 다시 한번 자기 주장을 강조합니다. 따라서 ㉰에는 그 내용을 쓰면 됩니다.